「戦争する国」への道
——安倍九条改憲NO！

川村俊夫

本の泉社

もくじ

※引用文中の旧字体および旧仮名づかいを一部現代表記にあらためているところがあります。

はじめに

第二次世界大戦後に設立された国際連合は、その憲章前文を、「われら連合国の人民は、われら一生のうちに二度まで言語に絶する悲哀を人類に与えた戦争の惨害から将来の世代を救い……」という言葉で始めています。同じく第二次大戦後に制定された日本国憲法も、その前文の書き出しは、「日本国民は、……政府の行為によって再び戦争の惨禍が起ることのないや《よ》うにすることを決意し、ここに主権が国民に存することを宣言し、この憲法を確定する」というものです。

戦後の国際社会と日本におけるこの二つの基本的文書には、規模においても残虐さにおいても、それまでとは比較にならない惨禍をもたらすにいたった戦争を二度と許してはならないとの共通の思いが強く込められています。

第一次世界大戦の人的犠牲者は軍人が八五三万人、民間人が一三〇〇万人にのぼります。第二次世界大戦については、最大の人的被害をこうむったソ連と中国について「信頼できる数字は何一つない」ものの、三五〇〇万人から六〇〇〇万人と推計されるとしています（『ブリタニカ国際大百科事典』）。

日本の場合、第二次大戦中の戦場での死者二三〇万人、民間人の国外での死者三〇万人、国内での空襲などによる死者五〇万人以上で、合計三一〇万人以上のおびただしい犠牲を出しています（一九六三年、厚生省発表）。このなかには、人類初の原爆投下によってもたらされた広島の一四万人前後、長崎の七万人前後という犠牲も含まれています（一九七六年、広島・長崎市長の国連への報告）。しかし、日本の場合、国内の死者だけでその犠牲の大きさを語るわけにはいきません。第二次大戦中、日本が行ったアジア・太平洋各国への侵略戦争では二〇〇〇万人以上の犠牲をもたらしているからです（数字は被害を受けた各国政府の発表などの合計）。

この悲惨な戦争は一九四五年八月一五日、日本政府がポツダム宣言を受諾して連合国に降伏することによって終わりを告げました。このポツダム宣言を受けて制定された日本国憲法の意義について、憲法学者の渡辺洋三・東大名誉教授は次のように評価しています（渡辺洋三『新版日本国憲法の精神』）。

「（イギリスの名誉革命以来）この三〇〇年にわたる世界憲法史の流れのなかに見られる人類の努力は、第二次大戦における日本降伏の原点となったポツダム宣言に集約され、このポツダム宣言に謳《うた》われた理念を正義の尺度とする日本国憲法が生誕することになったのです。こうして見れば、日本国憲法は、世界人類史の豊な経験の総括であることが分かるでしょう」

とりわけ日本国憲法第九条の徹底した平和主義は、まさに人類の進歩の歴史のなかでも、その最先端をいくものといえるものです。

七〇余年前の日本と世界は、戦争の惨禍を繰り返さないため、不戦・平和への強い決意を込めて再出発しました。

自衛隊が海外で戦争する軍隊に

そうした決意にもかかわらず、以後七〇余年の世界の歴史のなかでは、朝鮮半島、ベトナム、イラクなどで局地的ながら戦火が絶えていません。そのなかで兵器はより残虐で、大量殺りくが可能なものへと開発されつづけています。大国の軍備増強の競い合いはとどまるところを知らず、それが、膨大な財政支出をもたらす一方で、貧困や飢餓、あるいは教育の機会を持たない多くの人々が手の届かない状況で放置されたままです。

日本でも「陸海空軍その他の戦力は、これを保持しない」と明記した憲法九条を持ちながら、警察予備隊を発足させ（一九五〇年）、保安隊を経て（一九五二年）、自衛隊というれっきとした軍隊に仕立て上げ（一九五四年）、その戦力も数次にわたる防衛力整備計画などを経て世界有数のものへと増強されてきました。そればかりかこの間、自民党は一貫してこの九条そのものの改悪をも画策しつづけてきました。しかし、その企てを許さず九条を守りつづけてきた結果、日本は戦後、戦争によって一人の外国人を殺すことなく、また自衛隊員の一人も殺させることなく今日にいたっています。

ところが、憲法施行七〇年記念日の二〇一七年五月三日、安倍首相は日本会議などの改憲派の集会に、あらためて次のようなメッセージを送りました。

「たとえば、憲法九条です。今日、災害救助を含め、命懸けで、二四時間、三六五日、領土、領海、領空、日本人の命を守り抜く、その任務を果たしている自衛隊の姿に対して、国民の信頼は九割を超えています。しかし、多くの憲法学者や政党のなかには、自衛隊を違憲とする議論が、今なお存在しています。『自衛隊は、違憲かもしれないけれども、何かあれば、命を張って守ってくれ』というのは、あまりにも無責任です。私は、少なくとも、私たちの世代のうちに、自衛隊の存在を憲法上にしっかりと位置づけ、『自衛隊が違憲かもしれない』などの議論が生まれる余地をなくすべきである、と考えます。もちろん、九条の平和主義の理念については、未来に向けてしっかりと堅持していかなければなりません。そこで、『九条一項、二項を残しつつ、自衛隊を明文で書き込む』という考え方、これは、国民的な議論に値するのだろうと思います」

自衛隊は発足以来六〇年以上、絶えず「憲法違反」との批判が投げかけられつづけてきました。裁判所でも度々「違憲」か「合憲」かが争われ、「違憲」の判決が出されたこともあります。にもかかわらず、それらには頬かぶりしてきた政府が、なぜ今になって、「それは無責任」と言い出したのでしょうか。それは自衛隊員の名誉を考えてのことなどではありません。第一章で見るように、二〇一五年の戦争法（安保法制）の強行によって、いよいよ自衛隊が「海外で戦争する軍隊」になろうとしているからです。政府はこれまで、「海外派兵」と「海外派遣」という言葉を使い分け、「武力行使の目的を持って武装した部隊を他国の領土、領海、領空に派遣」する「海外派兵」は、「自衛のための必要最小限度を超えるものであって、憲法上許されない」が、「武力行使の目的を持たない部隊を他国に派遣する」という意味の「海外派遣」は、公務員の海外出張と同じで憲法に違反しない（一九八〇年一〇月二八日「政府答弁書」）と、武力行使をしないことを口実に自衛隊を海外に送り出してきました。それが公然と「海外で戦争する軍隊」になろうとしているのです。

争点そらしで総選挙を乗り切って

そのため安倍首相は自衛隊を憲法に書き込み、公然たる軍隊として認知することにこだわり、二〇一七年一〇月に施行された総選挙では、自民党は戦後初めて、「自衛隊の明記、教育の無償化・充実強化、緊急事態への対応、参院の合区解消など四項目を中心に、……憲法改正原案を国会で提案・発議し、初めての憲法改正をめざす」との公約を掲げました。

この自民党と競い合うかのように、希望の党は選挙公約で「自衛隊の存在を含め、時代に合った憲法のあり方を議論します。地方自治の『分権』の考え方を憲法に明記し、『課税自主権』、『財政自主権』についても規定すること。憲法全体の見直しを与野党の協議によってすすめていきます」とし、公報でも「憲法九条を含め憲法改正の論議をすすめます」と明記しました。日本維新の会は選挙公約で、「安保国会の不毛な議論を繰り返さない→憲法裁判所の設置」とするほか、教育無償化、統治機構改革を掲げています。公明党は、早くから自衛隊の規定を九条に追加する改憲を主張してきたことを棚上げし、今回の公約では環境保護、地方自治の強化、緊急事態における国会議員の任期延長にかんする特例を憲法改正の検討項目にあげていますが、九条については「国民の理解の成熟がなければ、発議して信を問うのは時期尚早」（山口代表）と公約に掲げてはいません。

これに対し、安倍首相の提起した九条改憲に明確に反対を表明したのは、立憲民主党、共産党、社民党、自由党です。

総選挙の結果は、自民党は二八四議席を獲得し、公明党、希望の党、維新の会を合わせて三七四議席となり、改憲勢力は改憲発議に必要な三分の二議席を大きく超えました。

しかし、自民党の〝圧勝〟というのは、小選挙区での得票率が四七・八％にもかかわらず小選挙区議席の七四・五％の議席を獲得したことによるものです。これは小選挙区制の母国イギリスでは「選挙による独裁」といわれているように、極端に民主主義を破壊する選挙制度に依拠した結果であり、国民の多数の支持を得た結果ではありません。

自民党幹部の口からも、自民党の得た多数は自民党の改憲政策に対する支持ではないことを証明する本音が次々と飛び出しました。安倍首相の側近中の側近の首相補佐官を務める衛藤晟一参院議員は、「小池（百合子都知事）のおかげで民進党を真っ二つに割っていただいた。憲法改正を認め、平和安全法制に賛成するというハードルをつくり、こういう状況になった。『天のとき』を得たと確信している」と、改憲勢力が多数を占めた大きな理由の一つが、民進党に対する分断攻撃によるものであることをあけすけに語っています（二〇一七年一〇月二五日、改憲派の集会）。

麻生太郎副総理兼財務相にいたっては、自民党の衆院選勝利について「明らかに北朝鮮のおかげもありましょう」と、北朝鮮のミサイル実験が自民への援護射撃になったと述べました（同二六日、東京都内の講演）。安倍首相も選挙運動期間中は、ひたすら北朝鮮の〝脅威〟を宣伝し、圧力を強化することを主張しつづけてきました。麻生氏と立場は同じです。

こうした背景が加わっていたにもかかわらず公明党、希望の党、維新の会はいずれも改選前よりも議席を減らしています。これに対して改憲反対勢力は、こうした不利な条件にもかかわらず、市民と野党の共闘を実現させることによって選挙前の三八から六八へと、全体として議席を増やしたことはむしろ大健闘といっていいでしょう。

九条改憲の真意を隠した論議に異論

九条に自衛隊の規定を追加する選挙公約を掲げたことに最高の責任を負うのは、自民党総裁である安倍首相です。しかし安倍首相は選挙期間中、街頭演説では改憲問題にほとんど触れていません。にもかかわらず、選挙が終わるや「与党、野党にかかわらず、幅広い合意を形成するよう努力を重ねていく」と、自民党改憲案の国会提出に向け、与党の公明党に加えて希望の党や維新の会に協力を求めていく考えを表明しています（同二三日、記者会見）。

マスコミも指摘します。「野党が警戒するのは、こうした積極的に訴えなかったテーマを選挙後に『ごり押し』する展開だ。二〇一四年の前回衆院選に勝利した首相は、争点化を避けた安全保障関連法制の成立に突きすすんだからだ。立憲民主党の枝野幸男代表は『首相は勝てば何をやってもいいと勘違いしている』とけん制を強める」（同一七日『時事通信』）。つまり、公約に九条改憲を盛り込んだが、それは選挙後に改憲に突進するためのアリバイづくりで、実際には選挙戦の争点にしたくなかったということではないでしょうか。何よりも安倍首相は、北朝鮮の〝脅威〟を最大限口実として使いながら、「九条に自衛隊を明記するだけ」で九条の意味は変わらないといいつづけています。実際は九条の意味をまるで違ったものに転換する改憲を一気に推しすすめようとしていることを隠すペテン以外の何ものでもありません。

こうしたやり方には改憲勢力内部からも批判の声があがっています。改憲右翼団体「美しい日本の憲法をつくる会」の櫻井よしこ共同代表は、「今回の選挙の結果、何と五分の四の人々が改憲派に属するという結果が出た。史上初めてのことだ。また、憲法改正かどうかということが公約に入って、衆院選が行われたのも初めてだろうと思う」と改憲派が選挙で多数を占めたことを歓迎しつつも、「問題は中身だ。本当に深刻に憲法改正を考えている人々がどれだけいるのか。とりわけ一番大事なことは九条二項だ。自衛隊を国軍としてきちんと位置づけることができるかどうかだ」「(現行の)九条二項は、非現実的な夢見るパシフィズム」(同二六日『産経』)と、九条二項を残したままに自衛隊を書き込むだけ、九条の意味は変わらないなどと、九条改憲の真のねらいから目をそらす安倍首相の議論に異議を唱えています。

ここに見るように、安倍首相は憲法九条の改憲という日本の戦後史を通じて論議されつづけてきた課題を、その本質をそらすことによって強行しようとしているのです。もちろんそれは、九条改憲に反対する世論に手を焼いた結果であって、戦争の悲劇を二度と繰り返すまいとして七〇余年前に世界や日本の人々が行った決意への共感などみじんもありません。

憲法と日本の進路は今、戦後最大の岐路に立たされているといわねばなりません。

第一章　安倍九条改憲の危険なねらい

一　安倍九条改憲論の本音

安倍首相が日本会議などの改憲派の集会に、改憲への決意を強調したメッセージを送ったことをきっかけに、自民党の憲法改正推進本部は国会の改憲発議に向けて本格的に動き出しました。その論議は、たんに自民党の主張を押し出すというものではありません。与党・公明党はもちろん、野党である日本維新の会、希望の党、さらには立憲民主党にも手を伸ばすことを視野に入れたものです。同時に、国民投票において過半数の賛成を得ることを、これまで以上に強く意識したものとなっています。その点では、自民党の主張だけを高く掲げ、その独自性を主張したこれまでの改憲案とは違って「実現可能性」に重点を置いていることに注目する必要があります。

そのため、二〇一七年一二月までにまとめられた改憲のための「論点整理」でも、①九条については一、二項を残したまま新たに自衛隊の規定を追加する安倍案と、二項を削除して国防軍を置くという二〇一二年作成の自民党改憲草案の両論を併記、②緊急事態条項も国会議員の任期延長の特例にとどめる案と、緊急時の内閣の権限強化まで盛り込む案の両論を併記、③教育無償化については、「教育環境の整備」にかんする努力義務を盛り込むにとどめる、④参院選地方区の「合区」解消については、都道府県から一人以上を選出する案――の四点を打ち出し、これまで党の内外から出された意見を広く取り入れる配慮が示されています。

これまでの自民党改憲案との違い

もちろん、その中心的ねらいが九条にあることに変わりはありません。緊急事態条項については自衛隊が実際に戦闘行為に参加するようになれば、それにともなって遅かれ早かれ取り上げられる問題です。教育無償化については党内でも支持する意見は少なかったようです。しかし維新の会がこれを強く支持していることから、ポーズだけでも最初から九条改憲以外は排除するとの姿勢は取らないでおこうということです。参院選挙区の合区解消については、党内ではすでに条文の表現まで煮詰まっています。

現在の九条第一項「武力による威嚇又は武力の行使は、国際紛争を解決する手段としては、永久にこれを放棄する」と、第二項「陸海空軍その他の戦力はこれを保持しない。国の交戦権は、これを認めない」はそのまま残し、新たに自衛隊にかんする規定だけを追加するという安倍首相が提案した方式は、「加憲」といわれるもので、自民党が党議決定しているこれまでの九条改憲の方針とは異なります。

自民党は、二〇〇〇年代に入ってから二つの改憲案をまとめています。最初のものは二〇〇五年八月の「新憲法改正草案」です。ここでは九条二項を削除し、かわって「我が国の平和と独立並びに国および国民の安全を確保」し、「国際社会の平和と安全を確保するために国際的に協調して行われる活動」に参加するために「自衛軍」を保持するという規定になっています。

さらに自民党が野党になった時代の二〇一二年四月には「日本国憲法改正草案」がつくられました。そこでもやはり九条二項を削除し、かわって新しい九条二項として「前項の規定は、自衛権の発動を妨げるものではない」と一項を棚上げする解釈規定を置きます。そのうえで新たに「九条の二」として「国の平和と独立並びに国及び国民の安全」および国際的活動に参加するため、「国防軍」を保持するという案です。

二つの案に共通しているのは現在の九条二項を削除することであり、部隊の名称は現在の自衛隊という呼び名にかえて「自衛軍」もしくは「国防軍」と名称のうえでも軍隊であることをはっきりさせるということです。自民党はこの二〇一二年改憲案を作成したとき、これを内外にアピールするために『日本国憲法改正草案Q&A』を作成していますが、そこではこの九条改憲案について次のように説明しています。

「政府は、集団的自衛権について『保持していても行使できない』という解釈を取っていますが、『行使できない』とすることの根拠は『九条一項・二項の全体』の解釈によるものとされています。このため、その重要な一方の規定である現行二項（「戦力の不保持」などを定めた規定）を削除したうえで、新二項であらためて『前項の規定は、自衛権の発動を妨げるものではない』と規定し、自衛権の行使には、何らの制約もないように規定しました」

つまり、一項だけなら国連憲章などにも登場していて自衛権を否定することにならないが、二項がある限り軍隊の設置はなかなか説明しにくい、ということです。それは、現在の一、二項をめぐる憲法学者の間における次のような論議を踏まえてのことです（山内敏弘『平和憲法の理論』）。

「憲法九条が、全体としては、自衛のための戦争をも含めて一切の戦争を放棄したものであるととらえる点では、通説の立場は、一致しているが、そのような自衛戦争をも含めた全面的な戦争の放棄が九条の一項によってすでに含意されているとするのか（一項全面放棄説）、それとも、一項ではいまだ侵略戦争の放棄だけが規定されているにすぎず、自衛戦争などをも含めた全面的な戦争の放棄は、九条の二項によって初めて明記されるにいたっているとするのか（二項全面放棄説）については、見解の相違がみられる」

しかしどちらの立場に立っても、自民党の二つの改憲案のように二項を削除し、かわって自衛権や武力行使をともなう国際活動への参加について規定しておけば、現在の一、二項が全面的に否定されることになるというわけです。これが、党議決定されている自民党の改憲案です。

安倍首相はこうした自民党案ではなく、一、二項はそのまま残したうえで自衛隊にかんする規定を追加するという案です。

「加憲」論はなぜ生まれたか

改憲勢力がこの「加憲」方式を最初に取り上げたのは、一九八一年一〇月、自民党を中心とした改憲派の議員で構成されている自主憲法期成議員同盟の「第一次憲法改正草案（試案——竹花私案）」です。

当時は、一九七八年のガイドライン（日米防衛協力のための指針）によって六〇年安保条約の内容が事実上改悪され、日本が攻撃されていない米軍の「極東有事」でも、自衛隊は米軍への輸送や補給などの協力を行うことになり、憲法九条の侵害がいっそう鮮明になりつつある状況でした。

そうした情勢に引き込まれるように、八〇年には公明党が自衛隊合憲論に転じるとともに、社会党と公明党の間で結ばれた連立政権合意では安保、自衛隊問題は現状を容認するとされるなど、九条をめぐる国会状況は「共産党を除くオール与党」化しつつありました。また、神社本庁などを中心に「日本を守る国民会議」が結成されるなど、改憲をめぐる右翼勢力の動きも大きな高まりを示していました。

そうしたなかで自主憲法期成議員同盟が改憲案づくりを開始し、憲法学者としてそれを担当した竹花光範駒沢大学教授が提案したのが「加憲」方式でした。彼はその理由をこう述べています。

「国民的合意（具体的には一部野党の賛成）を得て、国会の両院で、発議に必要な総議員の三分の二以上を獲得するためには、それが可能と考えられる特定の規定についての所謂《いわゆる》『部分改正』を企図すべきであろう。しかし、部分改正といっても、現憲法の基本原理にかかわるような改正や、あまりに多くの条文にわたっての改正については、抵抗が強いと思われるので、とりあえず第一次の改正においては（数次にわたる改正を経ることによって、より理想に近い憲法にあらためることが必要であろう）、比較的、技術的性格の強い規定で、しかも、一般に改正の必要性について理解しやすい規定に対象を限定すべきであろう」

これは、「加憲」方式を持ち出した意義を正確に説明していると思われます。つまり、もはや自民党単独では改憲の国会発議は無理であることが明らかな状況のもとで、野党の同調が欠かせないのでそれが可能な案とする、しかしこれだけでは目的は必ずしも達成できないから、順次改憲を行っていくその突破口とする、との考えです。こうした考えのもと、九条については九条二項を削除して「自衛のための実力の保持」を明記するという案とともに、もう一つの案として、二項はそのままにして、第三項として「前二項は、日本国の独立と安全を防衛し、国民の基本的人権を守護することを目的とし、必要な実力（または武力）を保持し、これを行使することを妨げるものではない」を追加するという「加憲」案を提起したのです。

この案が憲法的に持つ意味についても、まず「第九条第一項で放棄している戦争には、『自衛戦争』は含まれないのであるから、同項の削除ないし改訂は必要あるまい。むしろ、現規定の『平和主義』の原理は、そのまま維持することを明らかにするためにも、引きつづき存置すべきであろう」といいます。竹花氏は第一項が禁止する戦争には自衛のための戦争は含まれないという立場です。そのうえで、第二項を削除する案と並べて、「第一項の場合と同様、第二項についても、それを変更することが、『平和主義』の原理を後退させるような印象を一般に与え、その結果、九条改正に反対の声が高まることも予想される。そのような場合には、第二項もそのままにしておき、別に第三項を設けて、そこで、自衛戦争および自衛のための武力の保持が、第一項、第二項によって禁ぜられるものでない旨の、いわば、解釈規定を置くことも、一つの考え方」と、やはり二項をそのままにした場合の案を示しています。

法律の世界には「後法は前法に優位する」というルールがあります。第三項に自衛隊の規定を置けば、それは二項がそのままであっても自衛隊を置くことができる「解釈規定」になるというわけです。

この「加憲」方式に最初に飛びついたのが、九〇年代に入って自民党との連立の方向に転じた公明党です。それでも自衛隊に対する国民の目を意識して、「我が党は、現行憲法に対する高い評価を前提として、その理念を今後も堅持・発展させていくことを再確認しつつ、憲法制定以来の我が国の急速な社会発展と、我が国を取り巻く国際情勢の変化にともない、新たに必要とされる理念を加え、現行憲法を補強する『加憲』が適切」と「加憲」方式への賛同を表明しました。そして「現行憲法第九条の規定は、我が国の平和と独立並びに国および国民の安全を確保するため、自衛のための必要最小限度の実力組織として自衛隊を保持することを妨げるものではないことを明確にする」と、文字通り自衛隊を合憲化するだけとの主張をしています（二〇〇六年九月、第六回全国大会）。自衛隊合憲の立場に転換したことの言い訳ができるというわけです。「加憲」方式は、九条改憲に接近する現実的方針として登場したのです。

安倍九条改憲に込められた「現実的」意味と矛盾

安倍首相はそうした「加憲」の果たす役割を、より全面的に発揮させようとしているのです。安倍首相がこの方式を採用する直接のきっかけをつくったとみられるのは、右翼改憲団体＝日本会議系の『日本政策研究センター』です。同センターの伊藤哲夫代表は、そのねらいをあけすけに述べています。それは、「一言でいえば、『改憲はまず加憲から』という考え方にほかならないが、ただこれは『三分の二』の重要な一角たる公明党の主張にたんに適合させる、といった方向性だけにとどまらないことをまず指摘したい。むしろ護憲派にこちら側から揺さぶりをかけ、彼らに昨年のような大々的な『統一戦線』（戦争法に反対して行われた野党の共闘）を容易に形成させないための積極的戦略でもある」といいます。「残念ながら今日の国民世論の現状は、……『戦後レジームからの脱却』といった文脈での改憲を支持していない。この路線を貫こうとするならば、改憲陣営の分裂を招くことは必定」であるから、「ここは一歩退き、現行の憲法の規定を当面認めたうえで、その補完にでるのが賢明」というのです（同センター機関誌『明日への選択』二〇一六年九月号）。

安倍首相はまさしくそのシナリオに沿って、「九条の平和主義の理念についいは、未来に向けて、しっかりと堅持」するとか、「九条の政府解釈を一ミリも動かさない」と、あたかも九条の本質は変えないものであるかのように装って、各党、国民の反対をかわそうというのです。

伊藤代表もその具体案として、「九条に三項を加え、『但し前項の規定は確立された国際法に基づく自衛のための実力の保持を否定するものではない』といった規定を入れる」ことを提案しています（同前）。そして、そのことが「二項を空文化させる」意味を持つことになるというのです（小坂実・同センター研究部長、同一一月号）。「後法が前法に優先する」という竹花試案そのままです。

しかし、「陸海空軍その他の戦力」を認めないという憲法条文と、誰が見ても軍隊である自衛隊の規定が無理なく同居できるわけはありません。そのことは次に見るように、さまざまな矛盾を呼ぶことになります。しかし矛盾を持っていようがいまいが、利用できるルールならば何でも利用するというのが彼らの立場です。

現在、公明党はこの方式に消極的であるように報じられています。しかし、「公明党幹部の一人は、『憲法審査会での議論が行き詰まったところで、ウチがこの私案を出そうともくろんでいた、だが安倍首相から先に（加憲案を）言われたことで、ウチの出番や存在感が奪われた』と首相発言に困惑気味だ」との報道もあります（『週刊サンデー』二〇一七年六月四日号）。

注目すべきは、この方式を「護憲派に揺さぶりをかけ」「『統一戦線』を容易に形成させないための積極的戦略」と見なしていることです。たしかに、安倍九条改憲に反対する立憲、共産、社民、自由の野党四党の間でも、自衛隊が「違憲」か「合憲」の見方には大きな違いがあります。そこでこの面から野党の団結にクサビを打ち込もうというのです。さらに国民の間には「専守防衛」の宣伝や大規模災害にあたっての「災害出動」のイメージが長年にわたって植えつけられてきたことから、自衛隊を肯定的に見る国民が八〇％を超える調査結果もあります。そこで、自衛隊を憲法上で認知するだけなのにそれにも反対するのか――の論議にすりかえ、野党の共闘にクサビを打ち込んで国会発議に向けての条件を有利にするとともに、国民を改憲賛成の側に引き込んで、国民投票において多数の賛成を得られる状況をつくろうとする戦術です。

ただし、本当にこの「加憲」方式が、自衛隊の存在を書き込むだけのものとして通用するのかということには法律の専門家の間にも異論がないわけではありません。「この方式は、前項で規定された原則を覆すものとなり、自衛隊を合憲としてきた従来の政府解釈との整合性が取れなくなる」（大石眞・京大名誉教授、二〇一七年一二月一四日付『読売』）というのです。つまり、これまで政府解釈では二項のもとでも自衛隊は合憲だったが、今度は加憲によって二項を否定することになるというわけです。

自衛隊合憲の政府解釈を支えてきた阪田雅裕・元内閣法制局長官の説明はもっと具体的です。阪田氏は、「安保法制の施行によって、自衛隊が限定的とはいえ海外でも武力行使ができるようになった現在、それが『戦力』にあたらないことを憲法上『はっきり分かりやすく』表現することは、必ずしも容易ではなくなった」と、まず戦争法の施行で自衛隊が海外で武力行使をする部隊に性格が変わったことを指摘します。従って、ただたんに第三項で「自衛隊は第二項の戦力にあたらない」と書き込むだけでは、「憲法上、自衛隊の装備や活動範囲に限界が示されない」ので、二項のいう戦力とどう違うか明らかにしなければならないというのです。そこで阪田氏は、「前項の規定にかかわらず、第三項の実力組織は、我が国と密接な関係にある他国に対する武力攻撃が発生し、これにより我が国の存立が脅かされる明白な危険がある場合には、その事態の速やかな終結を図るために必要な最低限の武力行使をすることができる、といった規定を置かなければならない」といいます。竹花試案が改憲を論議したときの自衛隊がともかくも「専守防衛」をタテマエんしていたのに対し、今日の自衛隊は明らかにその枠を越えつつあることに着目し、単純に加憲方式だけでは対応できないとしているのは、さすがに法律解釈の専門家というべきでしょう。

軍事を認めない憲法から軍事を優先する憲法へ

もちろん、安倍内閣・自民党が、たんに自衛隊の規定を置くだけと考えているわけではないことはこれまで見てきた通りです。自衛隊を憲法に明記することは、いっさいの軍隊も戦争も認めない憲法から、公然と軍隊を持ち、戦争を行うことを認める憲法への転換という決定的な意味を持ちます。それは、自衛隊とそれを取り巻く環境にただちにさまざまな影響をもたらします。

何よりもまず、自衛隊が実際に戦闘行為に参加するようになれば、すぐに問題になるのが、敵前逃亡や命令違反などを阻止して「軍」の規律を維持することです。

現在の自衛隊法一二二条は、防衛出動命令を受けた隊員が正当な理由なく職務離脱など（敵前逃亡）を行ったり、命令に反抗したりした者には七年以下の懲役または禁錮に処すると規定しています。戦前の場合は軍人で構成する軍法会議が設置され、「陸軍刑法」に基づいて裁判が行われ、「反乱」「抗命」「逃亡」などの刑が適用されて有罪になれば死刑でした。本格的な軍隊として戦闘行為と過酷な任務を命令することになれば、自衛隊法の刑罰も死刑を含むものに強化しなければなりません。隊員がそうした任務に背を向けることを防がなければならないからです。

自民党の二〇一二年改憲案も戦前にならって九条二に国防軍の規定を置くことと並べ、九条五として「国防軍に属する軍人その他の公務員がその職務の実施にともなう罪を犯した場合の裁判を行うため、法律の定めるところにより、国防軍に審判所を置く」としています。前掲自民党『憲法改正草案Q&A』はこの「審判所」について「いわゆる軍法会議のことです」としたうえで、「軍事上の行為にかんする裁判は、軍事機密を保護する必要があり、また、迅速な実施が望まれることに鑑みて、このような審判所の設置を規定した」と説明しています。しかし日本国憲法第七六条は「特別裁判所は、これを設置することができない」としています。戦闘地域から被疑者を日本に送還し、他の一般の事件と同じように裁判を行っていたのではとても秘密を守りつつ「迅速」な裁判を行うことはできません。特別裁判所を認めることになるでしょう。次々とあらためなければならない項目が増えてくるのです。

自衛隊と国民の関係でも問題が出てきます。現在の自衛隊法一〇三条では、防衛出動時に医療、土木建築工事、輸送などを業とする者に対して業務従事命令を出すことができますが、これに従わない者に対しての罰則規定はありません（ただし、国民保護法一八九条以下では、物資の保管命令違反者、家屋などの強制使用のための立入り検査を拒否した者に対する罰則はあります）。国民を罰則つきで戦争に動員する徴用が公然と復活することになります。

もちろん、その他の国民生活のさまざまな分野にかかわってくることはいうまでもありません。軍事費はさらに「聖域化」がすすみ、その増大による福祉・教育費などの圧迫が強まります。教育・学問の内容への介入も強まるでしょう。日本学術会議は二〇一七年三月、「軍事的安全保障研究にかんする声明」を出し、防衛省が大学などに研究資金を提供する安全保障研究制度（二〇一五年度開始）の予算が三年間で三億円から一一〇億円にも増やしたことにともなって、「政府による研究への介入が著しく、問題が多い」と、それが学問・研究の自由侵害のテコとされていることを批判しています。国民の暮らし・権利よりも、軍事を優先する社会になっていくことは避けられません。

安倍首相は、今回はあくまでも実現が可能な方法として九条「加憲」を中心とする方式を打ち出しました。しかし、より根本的に九条だけでなく、より全面的な改憲に向かっていくことは間違いありません。

二　戦争法施行の前に立ちふさがった九条の壁

たしかに九条は長い期間にわたってさまざまな攻撃にさらされ、ある意味では今でも「ぼろぼろ」です。しかし、九条破壊の政策をすすめるたびに国民の反撃を受け、その破壊政策に歯止めをかける答弁を重ねてきたことも否定できません。政府自から、矛盾を拡大しつづけてきたともいえます。

戦争法強行の突破口となった集団的自衛権行使容認の閣議決定すら、「憲法九条はその文言からすると、国際関係における『武力の行使』を一切禁じているように見えるが……」という言い訳から始めざるを得ませんでした。そのうえで、「我が国と密接な関係にある他国に対する武力攻撃」のあった場合、「国民の生命、自由および幸福追求の権利を守るため」には「必要最小限度」の武力行使ができるというまわり道をしてようやく結論にたどりついているのです。この「必要最小限度」の程度は決して明確ではありませんが、これまでの政府答弁の積み上げがあります。

なかでも、「武力行使の目的を持って武装した部隊を他国の領土、領空、領海に派遣するいわゆる海外派兵」は「憲法上許されない」との解説はそのまま二〇一七年版『防衛白書』にも登場しています。そのため、武力行使の目的を持たない「海外派遣」なら許される、という理屈を多用してきました。その結果、PKO参加の場合でも武力行使をしない、受け入れ国での紛争が停止している、受け入れ国で対立している双方が受け入れに同意している、などの五原則を設け、自衛隊の武力行使は容認していません。こうしてこれまで自衛隊が海外に常駐するような状況をつくりあげてきたのです。その結果、九条はいまだに海外での武力行使への大きな制約として立ちふさがっています。

しかし、地球上のどこへでも出ていってアメリカと共同作戦行動をすることになる戦争法を全面的に発動することになれば、「派遣」と「派兵」の使い分けなどできるはずはありません。また閣議決定でようやく道を開いた集団的自衛権の行使も、「国民の生命、自由および幸福追求の権利を守る」こととかかわるときだけなどという限定はできません。一緒に戦っているアメリカがそんな区別など認めるはずがありません。

戦闘行為をしないといって派兵する矛盾

むしろ安倍首相は、二〇一五年の戦争法成立に勢いづいてその具体化に乗り出してみて、九条の生命力とこれを支える世論の力をあらためて思い知らされることになったといっていいでしょう。

まず二〇一六年一一月、国連やＮＧＯの職員、他国の兵士が武装勢力に襲われたときには「駆けつけ警護」するとの任務を与え、自衛隊の部隊を南スーダンに派兵しました。この任務を付与するにあたっては戦争法によって新たに「自衛官は……武器の使用をすることができる」（ＰＫＯ等協力法二五条七）との権限も与えられました。しかし、自衛隊はその任務を果たさないままわずか半年で撤退せざるを得ませんでした。戦争法審議のなかで「派遣先および紛争当事者の受け入れ同意が、業務を行われる期間を通じて安定的に維持されると認められることが前提」などと繰り返し答弁していました。安倍首相も、南スーダンに派兵した自衛隊の隊員に死傷者が出た場合には辞任する覚悟があるかと問われ、「（自衛隊の）最高責任者の立場にあってそういう覚悟を持たなければならない」と答弁しています（二〇一五年二月一日、衆院予算委）。

にもかかわらず、現地は自衛隊が到着する以前から自衛隊の宿営地上空を砲弾が飛び交い、複数の砲弾が宿営地内に落下していたことが明らかになっています。到着後も、「部隊の宿営地の近くで殺傷をともなう衝突があり、宿営地外を監視する複数の隊員が惨状を目撃」し、「心的外傷ストレス後障害のケアが必要になった隊員が複数」出る状況（二〇一七年三月一一日付『毎日』）だったのです。これ以上の駐留は無理との判断による撤退であることは間違いありません。

二〇一七年五月には、海上自衛隊の艦艇に米補給艦護衛の命令が出されました。米補給艦は日本海にあって北朝鮮を威圧している米イージス艦に食糧、燃料や武器・弾薬の補給を行うのが任務でした。しかし、自衛艦は房総半島沖から四国沖までの間を米補給艦と併走しただけで、日本海には入りませんでした。「実施場所は北朝鮮の攻撃対象になる可能性の低い太平洋側が選ばれ、『本格的稼動前のウォーミングアップ』（防衛省幹部）に近い活動」にとどめたからです。しかし、「米艦防護で最も必要とされるのは、防御が手薄な米空母や、ミサイル迎撃態勢にある米イージス艦を海自が守る任務」（二〇一七年五月四日付『読売』）であり、米補給艦と一緒に日本海に入るべきとの指摘は当然でしょう。にもかかわらず自衛隊法では、あらかじめ警護の任務を「戦闘行為が行われている現場」では行わないことが定められているのです（自衛隊法九五条の二）。これではどうして自衛艦が米艦の護衛をできるのか分かりません。

自衛隊が実際にはこうした行動しかとれなかったのは、交戦権を否認した九条二項のもとで、海外で本格的な戦闘を避けざるを得なかったからです。九条に自衛隊の規定を追加して第二項を棚上げしてしまえば、国連ＰＫＯとしての任務であれ、米軍との共同作戦であれ、こうしたとまどいは一掃され、「普通の国の軍隊」として、戦争法で定めた任務をまっとうすることができます。今回、安倍首相をなにがなんでも九条改憲へと突っ走らせている主要な理由は、ここにあります。

そしてそれは、安倍首相就任以来積み上げてきた日米同盟強化路線がたどりついた避けられない局面なのです。安倍流の「憲法解釈」でやれることはすべてやってきて、あとは九条の条文を変えなければできないというところまで自分を追い込んでいるのです。

三　安倍首相の九条改憲への異常な執念

安倍首相が、もともと日本国憲法の基本理念と根本から相容れない思想の持ち主であることは、戦後の歴代首相のなかでもきわだっています。

それは安倍首相が二〇〇六年九月、自民党総裁に当選するや、首相の座につく前から五年という期限まで示し「新憲法を制定するためリーダーシップを発揮していく」と、憲法改悪に向けた強い意欲を示したことにもあらわれています。そして第一次内閣を発足させるや初の所信表明演説（同年九月二九日）で、「外交と安全保障の基本戦略を、政治の強力なリーダーシップにより、迅速に決定できるよう、官邸における司令塔機能を再編・強化するとともに、情報収集の向上を図ります」と、その目的達成に向けた道筋を語りました。

歴代内閣が守ってきた集団的自衛権違憲の解釈

実際にも安倍首相は就任以来一年で、憲法の担い手である主権者を育成する教育基本法の改悪（同年一二月）、「防衛庁」を「防衛省」に昇格させ、ＰＫＯとして自衛隊が海外で行う任務を「第八章雑則」から第三条「自衛隊の任務」という正規の任務に格上げした自衛隊法の改悪（同年一二月）、憲法改正のための改憲手続き法の制定（二〇〇七年五月）等々、歴代の自民党政権がめざしながら果たせなかった年来の課題を、国会の多数を背景に次々と強行してのけました。

なかでも安倍首相の憲法破壊政策で重大なのは、集団的自衛権の行使は許されないとする歴代政府の憲法解釈の変更に着手したことです。実は第四章で見るように、「集団的自衛権」という考え方はまだ日本が連合国の占領下にあって国際社会に復帰していないときに、国連憲章を審議するなかで突如としてアメリカが「発明」したものです。日本政府はその言葉がどのような理由で、どのような意味を込めて取り入れられたかを十分に知りうる立場にはありませんでした。そのため、この言葉が最初に国会で問題になったときの西村熊雄外務省条約局長の答弁は、次のようなものでした（一九四九年一二月二一日、衆院外務委員会）。

「新しい現象としては国際連合憲章の第五〇条か五一条かに国家の単独の固有の自衛権という観念のほかに集団的の自衛権というものを認めているが……この集団的自衛権が国際法上認められるかどうかということは今日、国際法の学者の間に非常に議論が多い点であり、私どもも実はその条文の解釈にまったく自信を持っていない」

その結果、集団的自衛権と憲法九条にかんする政府解釈は紆余曲折を重ねます。たとえば六〇年に安保条約が改定され、「日本国の施政の下にある領域」で米軍あるいは日本の領土が武力攻撃されたときには日米が共同してたたかう（第五条）ことになったとき、当時の岸信介首相は、こう説明しました。「特別に密接な関係にある国が武力攻撃された場合に、その国にまで出かけていってその国を防衛するという意味における集団的自衛権は、日本の憲法上は日本は持っていない」と、自衛隊がアメリカにまで出かけていって米軍と一緒に戦うのではなければ憲法に違反しないと、集団的自衛権の意味をきわめて狭く解釈して述べています（参議院予算委員会、一九六〇年三月）。

こうした政府の解釈が落ち着くのは、田中内閣が一九七二年一〇月一四日に参議院決算委員会に資料として提出した政府見解によってです。そこでは、集団的自衛権を「自国と密接な関係にある外国に対する武力攻撃を、自国が直接攻撃されていないにもかかわらず実力を持って阻止することが正当化される地位」と定義したうえで、「憲法のもとで武力行使を行うことが許されるのは、我が国に対する急迫不正の侵害に対処する場合に限られるのであって、他国に加えられた武力攻撃を阻止することを内容とするいわゆる集団的自衛権の行使は、憲法上許されない」としています。

以後四〇年以上、歴代の自民党政権のもとでこの解釈が引き継がれてきました。

自ら解釈変更をリードして

安倍首相はこうして歴史的に積み上げられてきた憲法と集団的自衛権にかんする政府解釈の変更に正面から着手したのです。それは第一次内閣の時代からで、「集団的自衛権の問題を含め、憲法との関係について個別具体的な類型に即して研究をすすめる」（二〇〇七年一月、年頭記者会見）と集団的自衛権に焦点をあてた憲法解釈変更への決意を表明、同年四月には、柳井俊二・元駐米大使を座長とする私的諮問機関として「安全保障の法的基盤の再構築にかんする懇談会」（安保法制懇）を発足させました。安倍首相にとってはまったくの〝お友達集団〟であるこの安保法制懇に報告書をまとめさせ、それを口実にそれまでの政府解釈を変えて集団的自衛権行使容認への道筋をつけようとしたのです。

ただ第一次安倍内閣は一年の短命で終わったため、安保法制懇の出した最初の報告書は棚ざらしとなりました。しかし安倍首相は第二次内閣を発足させるやこの安保法制懇もただちに再開させ、ときには自らこの懇談会の会議に出席し、懇談会が出すべき結論の方向づけすら行っています。たとえば、「集団的自衛権については、国連憲章上、加盟国は個別的および集団的自衛権を固有の権利として有している旨が規定されており、国際法上、我が国が主権国家として集団的自衛権を有していることはいうまでもありません。我が国を取り巻く国際環境が厳しさを増し、テロやサイバー攻撃など国境を越える新しい脅威が増大するなか、国民の生命・身体・財産や国家の存立を脅かす事態は、今や世界中のあらゆる場所で生じ得ます。このような一国のみでは対応が困難な問題について、我が国が各国と協調して対応できるよう法的な基盤を含めて万全な体制を築く必要があります。あらゆる可能性についてしっかりと守りを固めていくことは、抑止力となり、結果としてそういう事態を引き起こしにくくする効果もあると思います」（二〇一三年一一月一三日、第四回安保法制懇）といった具合です。ここには、集団的自衛権の行使が求められている情勢の強調はありますが、憲法との関係はまったく考慮に入れられていません。

安保法制懇は二〇一四年五月一五日に報告書を提出します。要約すると、①憲法九条は自衛のための武力行使を一切禁じているわけではない、②「自衛のための必要最小限度」のなかには集団的自衛権の行使も含まれる、③我が国に密接な関係にある外国への武力行使が我が国の安全に重大な影響を及ぼす可能性があるときは、必要最小限度の実力行使は可能、④ＰＫＯ・在外邦人保護救出・国際治安協力は憲法九条が禁じる武力行使にあたらない……、などなどこれまでの政府解釈を無視した驚くべきものでした。ところが直後に記者会見した安倍首相は、①は採用しないとしつつも、②、③、④は「従来の政府の基本的立場なので検討する」とこれに応じる見解を示したのです。

当然、こうした見解には各界から大きな批判が巻き起こったにもかかわらず、安倍首相は二〇一五年七月一日、「集団的自衛権行使の限定的容認」の閣議決定を強行しました。

アメリカの対日要求の強まり

もちろん、こうした動きは安倍首相の個人的執念だけに基づくものではありません。特に二〇〇〇年代に入って、アメリカは日本がより積極的にその戦争政策の片棒をかつぐことを強く求めるようになりました。

たとえば、二〇〇五年一〇月の日米の外交・防衛の閣僚で構成する安全保障協議委員会（2＋2）です。ここでは「日米同盟は、日本の安全とアジア太平洋地域の平和と安全の不可欠の基礎」と述べ、日米同盟を「アジア太平洋地域」に広げることをめざすとしています。そのために、「部隊戦術レベルから戦略的な協議まで、政府のあらゆるレベルで緊密かつ継続的な政策および運用面の調整」を行うことや、「共有される秘密情報を保護するための必要な追加措置」をとることなど、共同作戦を現実のものとするためのさまざまな法制の整備などを打ち出しています（合意文書「日米同盟――未来のための変革と再編」）。安倍首相はこうした日米の合意も背景に、集団的自衛権の行使に向けた動きを一気にすすめようとしたのです。しかし、あまりに強引な国政運営に国民の批判が高まり、二〇〇七年七月の参議院選挙で自民党は惨敗、安倍内閣はわずか一年で退陣を余儀なくされ、最初の挑戦は中断せざるを得ませんでした。その後、二〇〇九年八月の総選挙では自民党そのものも過半数を割って政権を民主党に明けわたすことになりました。

ところが安倍首相は、二〇一二年一二月、政権の座への復帰を果たしました。自民党が国民の支持を回復した結果ではなく、民主党政権があまりにも国民の期待を裏切った結果にほかなりません。それは二〇〇九年総選挙の比例代表選挙における自民党の得票率が二六・七％から二七・六％と微増にとどまったのにもかかわらず、民主党の得票率は四二・四％から一六・〇％に激減していることにはっきりと示されています。自民党が「圧勝」といわれたのは、まさに民主党の失政によると同時に、二〇一七年総選挙の場合と同様、小選挙区制という民主主義の原則とは相容れない選挙制度のたまものにほかなりません。

それにもかかわらず、安倍首相は憲法破壊・改憲に向けた突進を再開しました。それは第一次内閣時代の対米公約の積み残しの課題を処理することから始まりました。

そのきっかけをつくったのが、またも日米安保協議委員会（二〇一三年一〇月）でした。その会議後の共同発表によれば、すでにこのときの会議で、日本が「集団的自衛権の行使にかんする事項を含む自国の安全保障の法的基盤の再検討」と集団的自衛権を行使できる「法的基盤」をつくることを約束しています。そして防衛予算の増額、防衛計画大綱の見直し、日本の領域を防衛する能力の強化だけでなく東南アジア諸国に対する貢献の拡大の取り組みなど、安保条約の対象地域をさらに大きく越える日米同盟強化の約束をしています。その約束を果たすため、一九七八年、一九九七年につづき三度目のガイドライン（日米防衛協力のための指針）の作成に取り組むことも合意しています。それまでの二つの日米ガイドラインは、日米安保条約の改定という二国間の正規の手続きを踏まず、たんなる政府間合意で安保条約の事実上の改悪によって日米同盟を強化するものでしたが、三回目の新たなガイドラインによって日米同盟をさらに強化しようとするものでした。

しかもこうした合意にもかかわらず、あるものは新たなガイドライン合意すらまたず、その内容を先取りするようなことも次々と実行されました。

▽国家安全保障会議（日本版NSC）設置法改悪（二〇一三年一一月）…これは首相が議長を務め、官房長官、外務、防衛を加えた四大臣会議に権限を集中し、戦時にはその司令部となるものです。アメリカに同様な機関があって機能していることから、日米の共同作戦を円滑に行うためにそれに対応し得る日本側の機構をつくりました。

▽特定秘密の保護にかんする法律（同一二月）…アメリカと日本が情報を共有することによって共同作戦を円滑に行うためには、日本に提供したアメリカの情報の秘密が守られる必要があるとしてアメリカが早くから求めてきたものです。
▽「国家安全保障戦略」とこれを踏まえた「防衛計画の大綱」「中期防衛力整備計画」決定（国家安全保障会議と閣議の決定、同一二月）…ここでは、安倍首相がいう「国際協調主義に基づく積極的平和主義」（次項参照）が「国家安全保障の基本理念」の中心に据えられ、その内容として、「日本の平和と安全」「日米同盟の強化」とともに、「平和で安定し、繁栄する国際社会」の構築をあげています。そのためのものとして自衛隊に海兵隊能力（水陸機動団〈仮称〉）や敵基地攻撃能力を付与することなどが盛り込まれました。
▽ガイドライン再改定（二〇一五年四月二七日）…こうした具体的条件を整えたうえで、七八年ガイドラインを再改定しました。それは、「アジア太平洋地域およびこれを越えた地域」における「日米両国間の安全保障および防衛協力」を強化するというものであり、安保条約の適用範囲を地球規模に拡大するものでした。
▽集団的自衛権行使容認の閣議決定（二〇一四年五月一五日）…前述のように安倍首相も安保法制懇報告をそのまま採用することはできず、「自国と密接な関係にある外国に対する武力攻撃」があり、それを放置しておくと「我が国の安全に重要な影響を与える場合」に限って集団的自衛権を行使できるという「限定容認」という言い訳をしたうえでこれを採用しました。
▽戦争法強行（同一〇月一九日）…こうした準備工作のうえに、地球上のどこででもアメリカと共同作戦を行うための戦争法の強行という暴挙を行ったのです。

四 「積極的平和主義」のカクレミノ

安倍首相はこうした日米同盟強化路線を、「積極的平和主義」と呼んで外交の柱に据えています。この言葉は二〇一三年九月の国連総会の演説で使われたほか、二〇一四年一月の所信表明演説では「我が国が背負うべき金看板」と、安倍外交が憲法の平和主義の実践であるかのようにさえいっています。しかしその内容は、前出の「国家安全保障戦略について」（二〇一三年一二月、閣議決定）では次のように説明されています。

まず、日本の平和を守るための基本は、「日米同盟を基軸としつつ、各国との協力関係を拡大・深化させるとともに、我が国が有する多様な資源を有効に活用し、総合的な施策を推進する」としています。基軸となるのは憲法の平和主義ではなく「日米同盟」なのです。そして「我が国に直接脅威がおよぶことを防止し、脅威がおよぶ場合にはこれを排除するという、国家安全保障の最終的な担保となるのが防衛力であり、これを着実に整備する」としています。さらに「最終的担保は防衛力」であり「戦略環境の変化や国力、国情に応じ、実効性の高い統合的な防衛力を効率的に整備し、統合運用を基本とする柔軟かつ即応性の高い運用に努める」と、あくまでも防衛力の整備が要とされているのです。そのためには「政府機関のみならず地方公共団体や民間部門との間の連携を深めるなど、武力攻撃事態などから大規模自然災害にいたるあらゆる事態にシームレスに対応するための総合的な体制を平素から構築していく」と、国ばかりか地方自治体なども総動員することをめざすとしています。「積極的平和主義」と、あたかも「平和」的な方針であるかのようにいっていますが、実際には軍事的圧力ということにほかなりません。

実はこの「積極的平和主義」にきわめて似かよった「積極的平和」という言葉が、安倍首相が口にし出す以前から、安倍首相が使っている意味とはまったく反対の意味で使われています。

最初に「積極的平和」という言葉を使ったのは、ノルウェーの社会学者、ヨハン・ガルトゥングです。彼は、戦争状態ではないが貧困や抑圧、環境破壊などの「構造的暴力」が存在する状態を「消極的平和」と定義し、これに対抗する言葉として、戦争がなく、かつ「構造的暴力」も排除され、真に人々が平和である状態を「積極的平和」といいました。つまり、戦争がないというだけでは、人間は平和に暮らしているとはいえないので、戦争に反対するのはもちろん、貧困や差別、環境破壊などの構造的暴力をなくし人間らしく生きるための努力をしなければならない、という意味を込めてつくり出された言葉なのです。安倍内閣のように軍拡や武器輸出を推しすすめているだけでなく、格差や貧困をより深刻化させ、人命まで奪う長時間労働を容認し、原発を稼働させて環境破壊をすすめる政治はとうてい「積極的平和主義」などと呼べるものではありません。発案者のルトゥングからは用語の「盗用」との声も投げかけられています。

北朝鮮問題への対応の危険性

そして何よりも、安倍首相のこうした軍事優先の姿勢の危険性を示しているのが、核・ミサイル問題で国際社会に背を向けている北朝鮮に対する対応です。

この問題にかんしてトランプ米大統領は発足以来、オバマ前大統領の「戦略的忍耐が北朝鮮の脅威を助長した」と批判、「米国の同盟国の防衛に迫られれば、北朝鮮を完全に破壊するしか選択肢はない」と武力行使も否定しない対決姿勢を明らかにしています。安倍首相も、一貫して「徹底した圧力」によって北朝鮮を屈服させることを強調、二〇一七年一一月に行われたトランプ米大統領との首脳会談でも、「『すべての選択肢がテーブルの上にある』とのトランプ大統領の立場を一貫して支持している」と、北朝鮮に対する武力行使の選択肢を支持するとともに、「対話のための対話ではまったく意味がない」と、対話という選択肢すら否定しているのです。

日本のあと、韓国、中国を訪問したトランプ大統領との首脳会談において、韓国の文在寅大統領が「我々は、北朝鮮の核問題を平和的に解決するよう協力することで一致した」と語り、中国の習近平国家主席も「双方が対話と交渉を通じた解決にコミットしている」とあくまでも対話による解決を強調しているのとはまったく対象的です。

国連安全保障理事会が九月一一日に全会一致で採択した対北朝鮮決議第二三七五号も「事態の平和的、外交的かつ政治的解決」「対話を通じた平和的かつ包括的な解決」を強調しています。この決議に関連し、日本と同じようにアメリカと軍事同盟NATOをつくっているドイツのメルケル首相は「ドイツ政府はどのような武力解決もまったく不適切だと判断するし、外交努力と国連安保理決議の実現が正しい答えだ」と語り、同様にフランスのマクロン大統領も「北朝鮮を政治解決のための交渉の席につかせなければならない。フランスは事態の拡大を拒否し、平和につながる対話の扉は閉じない」と述べています。

アメリカ本国ですら、北朝鮮が保有する核兵器を完全に破壊するには、同国への地上侵攻が唯一の手段だと米軍統合参謀本部が確認していることに対し、世論調査ではこうした政府姿勢の非難・否定が六二％、肯定は三七％と批判が高まっています。連邦議会も共和、民主の連邦議員一六人が声明を発表、「北朝鮮に対して良い軍事的選択肢というものは存在しない。北朝鮮への侵攻は、在韓米軍、韓国にいる米国人の生命に破壊的な損害をもたらし、数百万の韓国国民を殺害し、グアムと日本にいる部隊と国民を危険にさらす」と強い憂慮の念を表明しています。

日本が出撃基地になる危険

何かのはずみであってもいったん戦端が開かれれば、一〇〇万を超える犠牲が出ることは、すでにさまざまな方面から指摘されています。何よりもアメリカと北朝鮮との緊張関係が軍事衝突に発展した場合、日本はドイツやフランスとは違います。安保条約に基づいて日本は米軍に基地を提供していますが、この在日米軍基地が北朝鮮への出撃基地となり得ると見なされているからです。たんに基地を提供しているだけではありません。「米国が困っているなら助ける。おこがましいけど、それが思いやり」（金丸信防衛庁長官＝当時、一九七八年）と、日本が条約上の義務を負わない駐留経費まで「思いやり予算」として負担している国です。それは「日本米軍人の給料を除く米軍駐留経費の約七三％」にもおよび、「この高いレベルの支援によって、日本は米軍にとっての駐留経費が米国を含む全世界で最も安価な場所になっている」のです（ブッシュ政権「アジア太平洋地域の戦略的枠組み」）。こうしてアメリカの極東における拠点的基地となっている在日米軍基地を機能不全に追い込むことは、北朝鮮にとっては重要な戦略目標となり得るといっていいでしょう。北朝鮮はすでにこのことに言及したミサイル発射実験を行っています。

こうしたもとで、憲法九条を持つ日本が突出して「武力による威嚇又は武力の行使」をひたすら強調している姿は異常というしかありません。この問題の解決は、経済制裁の強化という非軍事的手段は否定できないものの、それと一体となった対話による解決策を全力をあげて追求する以外に道はありません。

それにもかかわらず、冒頭の麻生副総理の北朝鮮問題が自民党の総選挙における勝利をもたらしたとの発言が示すように、この問題を自民党の軍事優先の政治を「正当化」する口実として最大限悪用し、安倍首相も北朝鮮の核・ミサイル問題を軍備の大増強と日米同盟強化のテコにする政策をすすめています。すでにこれまで北朝鮮の「ミサイル防衛」に一兆八〇〇〇億円を投じています。さきの日米首脳会談でトランプ大統領に「日本はアメリカから膨大な兵器を買うべきだと」とけしかけられると、「北朝鮮情勢が厳しくなるなか、日本の防衛能力を質量ともに拡充する」と応じ、直後の一二月の閣議では一基約一〇〇〇億円が見込まれる米国製の陸上配備型迎撃ミサイルシステム「イージス・アショア」二基を二〇二三年までに導入することを決定しました。

しかし、安倍政権の「安全保障と防衛力に関する懇談会」の座長を務めた北岡伸一・JAICA（国際協力機構）理事長は、「ミサイル防衛が充分には信頼できないことである。どのくらい命中するものか、よく分からない。北朝鮮が一度に多数のミサイルを撃ち、そのうちのいくつかはデコイ（おとり）だった場合、全てを撃ち落とせるとはとても考えられない。それにミサイル防衛は大変高価である。威嚇されている側が、高価であてにならない力に頼るほど、おかしなことはない」と語っています（二〇一七年一〇月二日付『読売』）。軍事的対応にはあくまでも限界があるのです。

九四年北朝鮮危機の経験

実は、北朝鮮の核問題をめぐって情勢が緊迫したのは、今回が初めてではありません。一九九三年三月の北朝鮮のＩＡＥＡ（国際原子力機関）からの脱退をめぐっても北朝鮮とアメリカの間には極度には緊迫した空気が流れました。その直後の五月には北朝鮮は中距離ミサイル・ノドンの発射実験にも成功しました。

しかしアメリカは、一九九四年二月に予定されていた米韓合同軍事演習を中止し、ＩＡＥＡによる北朝鮮の核査察の再開などの合意にこぎつけました。ところが、ＩＡＥＡの査察団は北朝鮮に入ったものの、重要な部分の査察を拒否されたとして約二週間で引き揚げてしまいました。同じ頃、板門店で開かれた南北朝鮮の実務者協議では、北朝鮮の代表と韓国の代表との間で激論になり、北朝鮮代表からは「対話には対話で、戦争には戦争で答える準備ができている。ここからソウルはそれほど遠くない。戦争になれば、ソウルは火の海になるだろう」という挑発的言葉まで飛び出したといいます。

アメリカではこうした事態に対処する方針が論議され、クリントン大統領は国家安全保障会議（ＮＳＣ）を開きます。そのときのもようを、ペリー国防長官は「我々は戦争の淵に立っていることを知っていた。その戦争では大量破壊兵器も使われるかもしれない。大統領はいつもよりずっと威厳を漂わせて入ってきた。実際、誰もが事態の深刻さを認識していたのだ」と、メンバーが情勢の認識で一致していた（外岡秀俊、他『日米同盟半世紀』）といいます。そして対応を検討するなか、当初はサージカル攻撃（特定の攻撃目標をねらった精密攻撃）を考えていたペリー長官は、それに対する北朝鮮の反撃を含めてその惨禍があまりにも大きくなることに驚き、方針を転換、大統領に外交による対応を進言しています（二〇一八年一月三〇日付『赤旗』）。

こうして各国の危機回避の努力が強められていることを踏まえて、韓国の金泳三大統領がクリントン大統領に電話をしました。「戦争は絶対だめだ、そんなことになれば南北で数百万もの人々が死亡する。もしも米軍が戦争を始めたとしても韓国軍は一人たりとも動かさない。断固反対」という談判をしたことを『回顧録』で述べています。この核危機は、カーター元大統領の平壌訪問と米朝ジュネーブ協定で回避されました。

このときの日本の対応はどうだったでしょうか。当時の内閣官房副長官・石原信雄は証言しています（外岡同前）。「一九九四年の三月末から四月頃の合同情報会議で、外務省や防衛庁から米国が神経質になっている、相当な決意をするのではないかとの報告を受けた。海上封鎖が具体的な検討課題になる可能性が語られ、詰めた議論をしておく必要があると感じ、四月に入ってから、早急に研究をしてくれ」ということになり、「検討の最終段階で、もし立法措置になると、やはり今回限りの対応かな、という議論をした。そうでないと問題があまりに難しすぎると思った」と、時限立法で対処することになったといいます。

隣接する朝鮮半島をめぐるきわめて緊迫した情勢に敏感に反応していたとはいえません。少なくとも平和的解決のために努力しようとする姿勢はまったく見られません。しかし、今回の安倍首相のように軍事力行使を積極的に支持することまではしませんでした。

「抑止力論」の歴史の教訓

今回の北朝鮮問題での、安倍首相の「積極的平和主義」に基づく軍事優先の対応は、実は歴史的には破たんずみのものにほかなりません。それは、米ソ冷戦時代を支配した「抑止力論」の焼き直しにすぎないということです。

「抑止力論」とは、防御においても攻撃においてもつねに相手国を上まわる軍事力を維持しなければ平和は保てないという「論理」です。それは、たとえ相手国が先制攻撃しようとしても壊滅させられないようにしつつ、相手国に対しては壊滅的な打撃を与える反撃を予測させることによってその攻撃を抑止しようという考えです。しかし、こちらがそう考えれば、相手もそう考えます。その結果、果てしない軍拡競争を展開することにつながります。

米ソは、長くつづいた冷戦時代、こうした「論理」のもとに軍拡競争を展開しました。そして一方のソ連は膨張する軍事費に耐えられず、ついに崩壊しました。しかし、勝利・敗北というい方にこだわるならば、実はアメリカもソ連とは違った意味で敗北したといえます。「冷たい戦争の仕掛人アメリカは、まさに『冷たい戦争』政策のゆえに資本主義世界におけるかつての圧倒的優位を喪失する羽目になったばかりか、アメリカ国内においてもその政治的、経済的、さらには社会的矛盾の未曾有の深刻化」をもたらしたとの指摘は、具体的数字で裏づけられているだけに説得力を持っています（佐藤定幸『二〇世紀末のアメリカ資本主義』）。

その数字面からみると、第二次大戦後の一九四〇年代末、アメリカは資本主義世界の工業生産の五三・九％、輸出の三二・五％、世界の金・外貨準備の五三・七％という圧倒的優位を誇っていました。にもかかわらず、一九五〇年代末には、国際収支が一転して大幅に赤字に転じています。「アメリカの国際収支の危機は、あえて簡単化していえば、戦後のアメリカの対外政策、いわゆる『冷たい戦争』政策の結果にほかならない。『冷たい戦争』政策を遂行するために、アメリカは膨大な軍事費を計上し軍拡競争をつづけたばかりか、世界中に軍事基地網を張りめぐらした。それに加えて、しばしば自ら局地戦争に従事さえした。これらがアメリカ経済にとって大きな負担となったことはいうまでもない」「一九九〇年代のアメリカ経済について語らねばならぬもう一つの事実は、これだけ長期間の景気上昇がつづき繁栄が謳歌されたにもかかわらず、アメリカ国民の各社会階層間の所得格差がますます拡大したという事実である。……『富めるものはますます富み、貧しきものはますます貧しくなる』という資本主義の鉄則は二〇世紀末のアメリカでも貫徹されたのだった」（佐藤同前）。

アメリカでもこの間、部分的な改善の試みもなされてきました。たとえ無保険者をなくそうとする〝オバマ・ケア〟など、オバマ政権によるこうしたアメリカ経済の負の面に手直しを加えようとする動きもありました。しかしトランプ政権になるや、たちまちこれを解消しようとする反動があらわれています。アメリカの一部に、軍事費がアメリカ経済の発展に寄与したかのような声もありますが、軍事費によってうるおうのは「死の商人」だけです。

安倍首相はこうした歴史の流れから何も学ぼうとはしていません。そして日本国憲法九条に背を向けているばかりではありません。人類が多大な犠牲を払ったことを教訓として推しすすめている「戦争違法化」の流れに全力で歯向かおうとしているのです。

第二章　日本国憲法九条はこうして生まれた

一　憲法九条の日本政府案発表まで

日本国憲法九条はなぜ生まれたか。その発案者をめぐっては、今もってアメリカ占領軍が「押しつけた」もの、政府案作成当時の幣原喜重郎首相の発案によるもの――などの論議が行われています。マッカーサー『回想記』や幣原『外交五十年』などがそうした証明として引用されます。しかし、そうした見方は九条が生まれる過程におけるほんの一局面だけを、しかも多分に推測まじりに取り上げたものであることは否定できません。ただ、そうした推測が生まれた背景をたどっていくと、憲法九条がさまざまな段階を経て、どのようにして今日見るような姿にまとめられていくかの当時の雰囲気を知ることができ、この条項への理解も深まるでしょう。さらに今日、安倍首相に象徴されるように、この憲法九条の意味を極端にねじ曲げ、さらには根本から否定しようとする動きが強まっている状況があるからこそ、この九条の生まれるにいたった背景をより広い視野に立って検証し、その世界的、歴史的意義を確認する必要があるのではないでしょうか。

そこでまず、日本国憲法に九条が盛り込まれるにいたった流れを見てみることにします。

明治憲法改正の必要を認めなかった天皇・日本政府

一九四五年八月一五日、「日本国政府は、日本国国民の間における民主主義的傾向の復活強化に対する一切の障害を除去すべし」とのポツダム宣言を受諾し、日本は連合国に降伏しました。しかし天皇および日本政府には、そのことによっても、天皇主権の原則に立った明治憲法（大日本帝国憲法）を改正しなければならないという意識はまったくありませんでした。そもそも敗戦を発表する天皇の詔勅そのものが、「朕《ちん》ハ茲《ここ》ニ国体ヲ護持シ得テ忠良ナル爾臣民ノ赤誠ニ信倚《しんい》シ……」と、戦前の絶対主義的天皇制の「国体」を維持できたことを最大の強調点として押し出しています。天皇が敗戦直後の八月一七日、戦後処理のために任命した東久邇《くに》首相に与えた言葉も、「（明治）憲法を尊重し、詔書を基とし、軍の統制、秩序に努め、時局の収拾に努力せよ」というものでした。

しかし東久邇首相はGHQ（占領軍総司令部）の相次ぐ民主化要求に、「責任を持てない」とあっさり政権を投げ出してしまいました。そのあとを継ぐ首相として天皇が任命したのが幣原喜重郎です。しかし、幣原も明治憲法改正には否定的でした。東久邇の後任に幣原の名があがったときのことを、側近だった富田健治は次のように証言しています。

「幣原さんは、私の度々聞いております範囲におきましては、憲法改正は必要ない。大日本帝国憲法だけでいいのだ、これは非常に民主的なものだった、改正する必要はないのだ、アメリカにも充分それは了解させることができるのだという、非常に強い信念でおられたようであります」（内閣憲法調査会「憲法制定経過に関する小委員会」議事録）

GHQに督促され、幣原内閣もようやく一九四五年一〇月、「憲法問題調査委員会」を発足させました。閣議決定という正式の手続きすらとらず、たんなる閣議了解という軽い扱いによるものでした。この調査委員会の委員長になった松本烝治国務大臣は調査委員会の目的について、「憲法改正案をただちに作成することではなく、その必要が起こった場合、ただちにこれに応じるように調査研究を行い、資料を整備することにある」と説明しています。同委員会がようやく憲法改正案づくりに着手することを決定するのは、すでに民間や野党の憲法改正案づくりが活発化しつつあった一九四五年一二月の末です。その改正のための論議はまったくの密室で行われ、国民に知らされていませんでした。

明治憲法の焼き直しにすぎない松本案

ところが一九四六年二月一日付『毎日』が、政府の検討している改正案の内容なるものをスクープしました。『毎日』の記事によるとそれは、「第一条　日本国は君主国とす」「第二条　天皇は君主にして此の憲法の条規に依り統治権を行ふ」「第三条　皇位は皇室典範の定むる所に依り万世一系の天皇之を継承す」等々と、実質的に明治憲法の字句を入れ替えただけのものでした。実は、この案は、調査委員会のなかの宮沢俊義委員らがまとめた案（松本乙案）で、調査委員会の論議を踏まえてはいましたが、調査委員会の正式な案ではありませんでした。

正式な調査委員会案（松本甲案）は二月八日、松本がＧＨＱに提出しました。それは明治憲法の「第一条　大日本帝国は万世一系の天皇之を統治す」や、「第二条　皇位は皇室典範の定むる所に依り皇男子孫之を継承す」などはそのまま、「第三条に『天皇は神聖にして侵すへからす』とあるのを『天皇は至尊にして侵すへからす』と改むること」とほんの少し字句を変えただけのもので、明治憲法の基本はまったく変えていないものでした。さらに明治憲法第一三条が天皇の宣戦・講和や条約締結の権限を定めていることにかんしても、これらは帝国議会の協賛を得ることとするとしたものの、戦争放棄などまったく考えていません。

占領軍総司令官マッカーサーは、『毎日』のスクープをみた時点で、日本政府の手を通じて明治憲法改正の作業を行うことを断念しました。マッカーサーの背後には、アメリカとともに日本を相手に第二次大戦をたたかった連合国がひかえていて、二月中に日本の占領政策を管理する米、英、ソ、中などからなる極東委員会が発足することになっていました。日本政府のこうした姿勢では、極東委員会はとうてい受け入れられないとして直接的に介入してくることを、マッカーサーは強く警戒したのです。その極東委員会の介入がマッカーサーやアメリカ本国の方針に沿うものとなるとは限らないからです。すでに一月七日には、本国政府からマッカーサーのもとに、「日本憲法は、現行の日本政府を『広範な選挙権に基礎をおく選挙民に対して責任を負う』政府で、『選挙民を完全に代表する立法府』を持つものに変えるよう改正すべきである」と、日本の政治機構を国民主権に基礎を置く民主的なものとすることを指示する政策書（ＳＷＮＣＣ２２８）も届いていました。

マッカーサー三原則の提示

ＧＨＱ民政局のホイットニー局長もまた、『毎日』スクープの日本政府案を見て動き出しました。マッカーサーに対し、極東委員会が発足する前の今ならＧＨＱに憲法改正に関与する権限があることを伝え、「憲法改正案が正式に提出される前に彼らに指針を与えたほうが、我々の受け容れ難い案を、彼らが決定してしまって、それまでまった後、新規巻き直しに再出発するよりも、戦術としてすぐれている」と進言したのです。これを受けてマッカーサーは、ＧＨＱ自身が憲法改正案を作成し、それを日本政府に提示することを決意しました。

二月三日、民政局の朝鮮部を除く全員二五人に、会議室に集まるよう命令が発せれました。その会議のもようを、東京にいる両親に会いたさに占領軍のスタッフに志願し、来日していた若き二二歳の女性シロタ・ベアテ・ゴードンは書いています。

ホイットニー局長は、参加者がそろったのを確認するとおもむろに口を開き、「紳士淑女諸君、今日は憲法会議のために集まってもらった。これからの一週間、民政局は、憲法草案を書くという作業をすることになる。マッカーサー元帥は、日本国民のための新しい憲法を起草するという意義深い仕事を我々に命じられた」と述べました（シロタ・ベアテ・ゴードン『一九四五年のクリスマス』）。

そしてホイットニー局長は、そうした憲法案を作成する原則として、マッカーサーは、①天皇は元首として主権者国民の意思に基づいて行動する、②平和主義、③封建制度の廃止——の三点をあげていることを紹介しました。その②の詳細な内容は次の通りです。

二、国家の主権的権利としての戦争を廃棄する。日本は、紛争解決のための手段としての戦争、および自己の安全を保持するための手段としてのそれをも、放棄する。日本はその防衛と保護を、今や世界を動かしつつある崇高な理想に委ねる。いかなる日本陸海空軍も決して許されないし、いかなる交戦者の権利も日本軍には決して与えられない。

日本国憲法九条がこのマッカーサーの提起を直接のきっかけとして誕生したことについては、誰からも異議は唱えられていません。それどころか、前述のように改憲勢力からはマッカーサーによる「押しつけ」の根拠として宣伝されています。

しかし、ポツダム宣言に基づいて日本の非武装を実現することとは、たんにマッカーサーの個人的発想によるものではなく、当時の連合国とアメリカの公的政策でした。三月六日に戦争放棄を盛り込んだ日本政府の「憲法改正草案要綱」が発表されたとき、戦時中は国務省で対日政策全般の検討に従事し、日本の敗戦後、マッカーサーの政治顧問となっていたロバート・A・フィアリーは、次のように明言しています。

「非武装にして平和な日本はアメリカ政策の主要目的であるから、日本が憲法のなかで、永久に非武装であると明言することは非常に喜ばしいことだ。そして、たとえ一国だけでも将来の安全を近隣諸国の公正と信義に委ねる決意をする国があるということは全世界の喜びと希望の源となると考えられる。……そして日本が再び世界平和を脅かすようになる可能性がある以上、日本には永久に再軍備は認めないというのがアメリカと連合国の固定した政策である」（犬丸秀雄監修『日本国憲法制定の経緯――連合国総司令部の憲法文書による』所収）

たしかに、当時は敗戦によって日本の軍隊は解体されていただけではなく、米英ソ中が当時行っていた日本との講和条約締結に向けた議論は、講和条約締結後も日本の軍備を認めず二五年間にわたって監視しつづけるという厳しい内容でした。マッカーサーの提起の背景にはそうした動きもあります。

マッカーサー・幣原会談を根拠に

ところが、そのマッカーサーが、この九条の実際の発案者は当時の幣原喜十郎首相だと述べたことから、九条を発案したのは幣原だという説が脚光をあびることになりました。

ただマッカーサーのその証言は、朝鮮戦争でGHQの最高司令官を解任されて帰国した一カ月後の一九五一年五月五日、上院軍事・外交委員会で行われたものです。そのときの情勢は、マッカーサーが九条の内容を憲法に盛り込むよう民政局に指示したときのものとはまるで異なっています。マッカーサーもアメリカ政府も、日本国憲法制定時にはそこに戦争放棄の条項を盛り込むことを重視していたにもかかわらず、日本国憲法施行からわずか一年後の一九四八年五月には、米ソ冷戦激化のあおりを受けてアメリカではその憲法九条改正の検討を開始するとの案がまとめられました(『限定的再軍備計画』第四章)。さらに朝鮮戦争ぼっ発後の一九五〇年には、マッカーサー自身が日本政府に警察予備隊の設置を命じ、九条破壊に道を開いています。従って九条の制定を日本政府に求めたことは、マッカーサーにとってもアメリカにとっても、決して誇るべきことではなくなっていたといえます。そのため、「せめて戦争放棄条項の発案者という十字架を幣原に転嫁することによって、歴史に対する責任を免れようとしたと考えるべきではなかろうか」(油井林治郎『マッカーサーの二千日』)という厳しい指摘もあります。

そうした事情はともあれ、幣原九条発案説を見ておきましょう。その最も有力な根拠とされるのは、肺炎にかかったときにペニシリンを分けてもらったお礼に、幣原がマッカーサーを訪れた一九四六年一月二四日の幣原・マッカーサー会談です。会談は第三者を交えずに二人だけで行われたため公式な記録は何もありません。この話は、幣原の親友だった枢密顧問官の大平駒槌が幣原から聞いた話を、大平の三女の羽室ミチ子が書き取ったとされる『大平口述メモ』によるものです(公開されたメモの原本が作成されたのは一九四六年か四七年ですが、その後盗難で紛失し、五五年頃、羽室と大平が当時の思い出話をしながら復元したもの)。その内容は、次のようなものでした(田中英夫『日本国憲法制定過程覚え書』）。

「幣原がこの日訪ねたとき、いつもはマッカーサーが先に何かいい出すのだが、この日はこちらから先に、頭からマッカーサーに、自分は年をとっているのでいつ死ぬか分からないから、どうか生きている間にどうしても天皇制を維持させておいてほしいと思うが、協力してくれるかと尋ねた。これに対してマッカーサーは、本国においても天皇制は廃止すべきだとの強力な意見も出ているが、占領するにあたり一発の銃声もなく一滴の血も流さず進駐できたのはまったく日本の天皇の力による所が大きいと深く感じているので、天皇を尊敬し、又日本にとって天皇は必要な方だと思うから、天皇制を維持させることに協力し、またそのように努力したいと思っていると返事した。……幣原はさらに、……世界から信用をなくしてしまった日本にとって、戦争をしないというようなことをはっきりと世界に声明すること、ただそれだけが敗戦国日本を信用してもらえる唯一の堂々といえることではないだろうかというようなことを話して、大いに二人は共鳴してその日は別れたそうだ」

この『大平メモ』の信頼性を決定的に高めることになったのが、マッカーサーの『回想録』です。

「幣原男爵は一月二四日の正午に、私の事務所を訪れ、私にペニシリンの礼を述べたが、そのあと……私は男爵に何を気にしているのか、と尋ね、それが苦情であれ何かの提議であれ、首相として自分の意見を述べるのに少しも遠慮する必要はないといってやった。……首相はそこで、新憲法を書き上げる際に、いわゆる『戦争放棄』条項を含め、その条項では同時に日本は軍事条項は一切持たないことを決めたい、と提案した。そうすれば、旧軍部がいつの日か再び権力を握るような手段を未然に打ち消すことになり、また日本には再び戦争を起こす意志は絶対にないことを世界に納得させるという、二重の目的が達せられる、というのが幣原氏の説明だった」

ただしこの『回想録』が公刊されたのは一九六四年であり、「大平メモ」公表よりずっとあとのことで、この記録が「大平メモ」を見て書かれたものといえないことはありません。

戦争放棄の一般的宣言か憲法の条文としての規定か

ただ、それ以上にこの二つの回想録を見て注目しなければならないのは、幣原とマッカーサーの間で話し合っている内容に食い違いはないか、ということです。このメモが仮にそのときのやりとりをそのまま伝えていたとしても、そのあとの進行を見ると一般的に戦争放棄を宣言すべきという幣原と、それを憲法の条文として、しかも戦力も交戦権も放棄する条文として明記するというマッカーサーとの間に行き違いがあったのではないかということです。

幣原はもともと外交官であり、戦争違法化をめざす初の国際機構としての国際連盟が発足したときには、「利害関係者相互の直接交渉によらず、こんな円卓会議で我が運命を決せられるのは至極迷惑だ」と、こうした動きに反発する発言をしています。日本も加盟した不戦条約が自衛権を否定せず、それに加盟しながら日本がアジア・太平洋戦争に突入していったことも身をもって体験しています。

この点ではこの『大平メモ』を重視する田中英夫は、「キャリアの外交官であった幣原にとって、一九二八年のケロッグ・ブリアン不戦条約は、もちろん、まだ昨日のことのようであった。侵略戦争によって国際的悪漢になっていた日本の信頼を回復するために、また、幣原が多年にわたりその阻止に力を注いできた軍国主義の復活の防止に役立てるために、この不戦条約の趣旨を遵守する旨の公的宣明が望ましいと彼が考えるのは、自然のことである」と述べています。しかしそのうえで、「平和主義を宣言することと、戦争放棄・戦力不保持を謳《うた》う条文を憲法に入れることとは、別である」との考えを示しています（前掲書）。

実際の経過を追ってみると、政府の憲法問題調査委員会による憲法改正案（乙案）では軍隊にかんする条項、宣戦講和にかんする条項が一切削除されています。そして、そのような案ができたことについては、幣原が、たとえば一九四六年一月三〇日の閣議で「憲法から軍の規定を削ることを再三主張」していたことなどが影響していたと思われるとされています。前述のように当時は日本の軍隊は解散させられており、そのことは実際にすすめられている占領政策に沿うものであったともいえます。

しかしながら、二月一三日、日本政府の憲法調査委員会案（甲案）がGHQによって拒否され、かわってGHQ案が提示されたときも、会談に出席した吉田茂外務大臣、松本烝治国務大臣らはただちに幣原に報告しましたが、幣原はそれを受け入れる姿勢を示していません。それは、幣原がそれを閣議に報告もせずに放置していたことにあらわれています。GHQから回答を迫られて、ようやく松本が閣議に報告したのは一九日になってからです。閣議に出席していた厚生大臣・芦田均は日記に、「蒼ざめた松本烝治先生が発言を求めて、きわめて重大な事件が起こった」と述べ、幣原はじめそのほかの閣僚も「吾々は之を受諾できぬ」といったと書いています。そしてその場で幣原は、自分がマッカーサーに直接会って、その真意を確かめるといいました。

その幣原・マッカーサー会談は二月二一日に行われました。同行した芦田均のメモによると、マッカーサーが「戦争を放棄すると声明して道徳的リーダーシップを握るべきだ」と述べたのに対し、幣原は「リーダーシップといわれるが、誰もついてこないだろう」と反論しています。しかしマッカーサーは「あとにつづく国々がなくとも日本は失うところはない。これを支持しないのはしない者が悪い」と説得に努めたといいます（『芦田均日記』第一巻）。

『大平メモ』は事実を伝えていると重視する田中も、「日本が何らかの形で公的に平和主義の原則を宣言すべきであるという発想自体は、幣原に由来するが、これを新しい憲法に盛り込むという発想は、総司令部案起草の決断をした際に、マッカーサーが自ら決定したところではなかろうか」と結論づけています（田中、前掲書）。それは日本政府の憲法改正案の論議における幣原の消極的姿勢を見れば明らかではないでしょうか。

前文から九条へ——GHQ内の作業

マッカーサーの指示を受けて行われたGHQ内の作業も、単純に現在の九条にたどりついたわけではありません。

民政局の二五人のスタッフのなかには、法規課長のマイロ・ラウエル陸軍中佐のように、すでに日本の憲法研究会の憲法草案などを一人で研究していた人物もいました。作業はこのラウエルら四人で構成された運営委員会の統括のもと、立法、司法、行政、人権、地方行政、財政、天皇・授権規定の八つの小委員会に分かれてすすめられ、前文はハッシー海軍中佐が担当することになりました。日本政府の憲法問題調査委員会の作業が松本を中心に少人数で憲法全体を論議したのとは違い、テーマごとに分担を決め、集中した論議が行われました。

ここで注目されるのは、マッカーサーが三原則の一つとして提示していたにもかかわらず、戦争放棄にかんする小委員会がないことです。それは、運営委員会ではこうした条文はこれまであまり例がないため、宣言的色彩を込めて前文にまわすのが妥当との結論になったためと見られていま す。その結果、GHQ憲法草案の第一次案においては、戦争放棄にかんする規定は前文の一部とされ、ハッシーが起草を担当しましたが、そのハッシーの前文案では、マッカーサーが示した「自己の安全を保持するための手段としても」という自衛権を意味する字句は削除されています。法学者のハッシーにとって、不戦条約でも国連憲章でも否定されていない自衛権まで否定する考えを、日本の憲法に書くのは適切ではないと考えたものと見られます。しかし、この戦争放棄の規定は自衛権の放棄も含めて条文とすべきとのマッカーサーの指示が出されます。その結果、民政局案における戦争放棄にかんする規定は第一章の独立した条文となります。ところが、これもマッカーサーの指示でさらに天皇制の次の第二章八条にまわされます。

当然、国際的にも例を見ない自衛権の放棄は日本政府に衝撃を与え、日本政府の松本烝治とGHQハッシーらとのやりとりのときにも問題になります。このときにはハッシーは日本政府を説得する側にまわります。そのやりとりです。

松本「戦争の放棄を、独立の一章とするかわりに、前文のなかに入れてはどうでしょうか。」

ハッシー「松本博士。あなたは、戦争放棄ということを（法的拘束力を持たない）原則的規定にすぎないという形で記しておきたいとお考えだというわけですね」

松本「その通りです」

ハッシー「あなたのお考えはよく分かりますが、私達は、戦争放棄は基本法の本体に記しておくべきだと思います。というのは、そうすれば、この条項は真に力強いものとなるからです」

さらにホイットニーは、当初のＧＨＱ案ではこの条文が第一章に位置づけられていたことを隠し、「この原則の宣明は、異例で劇的な形でなされるべきです。この原則を、憲法草案の第一章ではなく第二章としたのは、天皇および天皇が日本国民の心のなかに占めている地位に敬意を表してのことです。私自身としては、この原則が決定的重要性を持つことに鑑み、戦争の放棄を新憲法草案の第一章に置きたいと考えるくらいです」と日本側へのサービスも行っています。（田中英夫『憲法制定過程覚書』）。

こうした曲折を経てまとめあげられた戦争放棄条項のＧＨＱ案（外務省訳）は次の通りです。

第二章戦争ノ廃棄

第八条　国民ノ一主権トシテノ戦争ハ之ヲ廃止ス他ノ国民トノ紛争解決ノ手段トシテノ武力ノ威嚇又ハ使用ハ永久ニ之ヲ廃棄ス

陸軍、海軍、空軍又ハ其ノ他ノ戦力ハ決シテ許諾セラルルコト無カルヘク又交戦状態ノ権利ハ決シテ国家ニ授与セラルルコト無カルヘシ

このあと行われたＧＨＱ案を日本政府案とする作業のなかで、第一章の天皇にかんする条文が一カ条増えたため、戦争放棄にかんする規定も一カ条送られて現在の第九条になりました。

なお、ＧＨＱ内における作業の内容がその後さまざまな形で紹介されるなかで、九条の発案者についてはー時期有力だった幣原説が力を失い、「ケーデス──ハッシー説」「ホイットニー──ケーデス説」まで出るようになり、当事者たちの間では、マッカーサー発案説すら確定的なものではありません。ＧＨＱ案作成の中心にすわったケーデスは、「当時、みんな戦争放棄とか平和主義につ

いて同じようなことを考えていましたし、この考えが誰によって、またどこから始まったのか特定することは難しい」と語っています（竹前栄治『日本占領——GHQ高官の証言』）。次に見る国民の世論、さらには国際的動きを見ると、筆者にはこうした見解がいちばん事態を正確に表現しているように思われます。

わきあがった平和を求める国民の声

それでは国民の動きはどうだったしょうか。当時は長くつづいた戦争と、その結果としての敗戦によって、食糧や住居など国民の生活はきわめて困難な状況に置かれていました。しかし、マッカーサーの指示によって政府が憲法改正に向けて動き出す以前から、憲法を改正して日本の進路を民主的な方向に転換させせことを求める声が起こり始めていました。早くも九月下旬には中西伊之助らが人民文化同盟を発足させ、「治安維持法の撤廃、政治犯の即時釈放、戦争責任者の処罰」を要求して活動を始めています。戦時下から秘密の話し合いを持っていた片山哲らのグループは一〇月一日、「自由懇談会」の総会を開き、「頑迷にして恥を知らざる彼らファシストおよび封建主義者との執拗にして徹底的なる闘争」を宣言しています。

これらの動きと、国民の平和への願いは当然のごとく結びついていきました。早くも敗戦一週間後から、新聞には「力の日本を築くことに失敗した我々は、今後平和の民としての営みに入る」（一九四五年八月二一日付『毎日』）、「世界人類のし烈な平和への欲求は、もはや何国によっても否定し得ないものがある。武力主義はこの人類の世界的欲求と相容れない」（同八月二八日付『朝日』）などの「社説」が登場しています。

そして、自然の流れのように、その後の憲法第九条の考えにそのままつながるような論議も行われていきます。たとえば、第九条がまだ姿をあらわしていない時期の帝国議会においても、国連憲章を念頭に置いたと思われる次のような議論が交わされています（一九四五年一二月八日、衆院予算委員会）。

中谷武世（無所属倶楽部）「今後の国家的目標として、古い富国強兵の観念などにかえて、武装なき大国の建設、身に寸鉄をおびない高度文化国家の建設を理想とすべきである。武装を解除された日本が、純然たる文化国家として平和的繁栄をとげ、再び一流国家の水準に復興するときに、日本の武装解除はたんに日本一国の武装解除にとどまらず、やがて世界の武装解除を誘導する」

幣原首相「私は深き同感を以て拝聴したのであります」

当時ジャーナリストであった石橋湛山（後の首相）は、「我々は茲《ここ》でまったく心を新たにし、真に無武装の平和日本を実現するとともに、引いては其の功徳を世界に及ぼすの大悲願を立てるを要す」（一九四五年一〇月一三日付『東洋経済新報』）と主張しています。また、新聞の「社説」にも「すぐる幾年かの悪夢からさめ、その過去を過去として根こそぎ清算し、正義と平和に徹する武装なき大国家の建設にまい進する知性と勇気とを、日本国民は持ち得ないのであろうか」（一九四六年元日付『毎日』）といったものが登場しています。

こうした議論は、政府の憲法改正草案が発表される以前に行われていた民間の憲法論議にも反映します。たとえば、岩波茂雄、尾崎行雄らの憲法問題懇談会メンバーで弁護士の海野晋吉は一九四五年一二月の研究会で、「第五条　日本国は軍備を持たざる文化国家とす」との案を提案しています。憲法問題懇談会の仲間だった稲田正次は、「私と海野氏の協議の際、私が本条を削って、そのかわりに前文で平和主義を強調してはどうか意見を述べたのに対して、海野氏は自分の立場を固執せずあっさり同調してしまわれた。……これを削ってしまったのはまことに惜しまれる」と残念がっています（稲田正次『戦後憲法草案起草の経過』）。

では、このような論議を経て発表された憲法第九条を、国民はどう受け止めたでしょうか。日本政府の「憲法改正草案」に対する世論調査結果は雄弁に物語っています（一九四六年五月二七日付『毎日』）。

○戦争放棄の条項を必要とするか
必要あり　一三九五人　七〇％
必要なし　五六八人　二八％

二　帝国議会における政府答弁と政府案の修正

明治憲法では憲法の改正は天皇が発議し、帝国議会の衆貴両院の賛成で成立することになっていたため（帝国憲法第七三条）、政府の帝国憲法改正案はまず天皇の諮問機関である枢密院で審議され、その同意を得たうえで、一九四六年六月二〇日、これが明治憲法下で最後となる「帝国議会」に提出され、六月二五日から審議が始まりました。

まず衆議院本会議で、四月の総選挙の結果を受けて新たに内閣を組織した吉田茂首相が九条について次のような趣旨説明を行います。

「改正案は特に一章を設け、戦争放棄を規定致しております。すなわち国の主権の発動たる戦争と武力による威嚇または武力の行使は、他国との間の紛争解決の手段としては永久に之を放棄するものとし、すすんで陸海空軍その他の戦力の保持および国の交戦権をもこれを認めざることに致しているのであります。これは改正案における大なる眼目をなすものであります。このような思い切った条項は、およそ従来の各国憲法中まれに類例を見るものでございます。このように日本国は永久の平和を念願して、将来の安全と生存をあげて平和を愛する世界諸国民の公正と信義に委ねんとするものであります。この高き理想をもって、平和愛好国の先頭に立ち、正義の大道を踏みすすんでいこうという固い決意をこの国の根本法に明示しようとするものであります」

この国会を迎えるにあたって、政府部内ではさまざまな質問を想定し、想定問答集を作成していました。九条についても当然出るであろう自衛権にかんする質問について、次のようなやりとりを予定しており、吉田首相の説明もこの問答集に基づいて行われています。

問 「自衛権は認められるか」

答 「戦争放棄にかんする規定は、直接には自衛権を否定していないが、一切の軍備と国の交戦権を認めていないので、結果において自衛権の発動として、本格的な戦争はできないことになる」

自衛権問題にかんする質問が集中

もちろん、この自衛権をめぐっては突っ込んだ質問が集中しました。吉田首相も次のようにさらに立ち入った答弁をしています（同年六月二五日、原夫次郎進歩党議員の質問に対して）。

「近年の戦争は多く自衛権の名においてたたかわれたのであります。満州事変しかり、大東亜戦争もまたしかりであります。今日我が国に対する疑惑は、日本は好戦国である、いつ再軍備をなして復讐戦をして世界の平和を脅かさないとも分らないということが、日本に対する大なる疑惑であり、また誤解であります。まずこの誤解を正すことが今日我々としてなすべき第一のことであると思うのであります」「ゆえに我が国においては、いかなる名義をもってしても交戦権はまず第一自らすすんで放棄する。放棄することによって全世界の平和の確立の基礎をなす。全世界の平和愛好国の先頭に立って、世界の平和確立に貢献する決意を、まずこの憲法において表明したいと思うのであります」

これに関連し、吉田内閣のもとで新たに憲法担当大臣に任命された金森徳次郎大臣は、九条こそが世界の平和への貢献であるとして次のような答弁をしています（同年七月九日、特別委員会）。

「日本が捨身になって、世界の平和的秩序を実現する方向に土台石をつくっていこうという大決心に基づくものであるわけであります。御説のようにこの規定を設けました限り、将来世界の大いなる舞台に対して日本が充分平和貢献の役割を、国際法の各規定を充分利用しつつすすむべきことは我々の理想とする所であるわけであります。しかし現在日本の置かれておりまする立場は、それを高らかに主張するだけの時期に入っていないと思うのであります。従いまして心のなかにはそのような理想をはげしく抱いてはおりますけれども、規定の上には第九条のような規定を設けた次第でございます」

軍隊をなくすことによって起こるであろうさまざまな事態を想定した論議も行われています。たとえば反乱が起こった場合、これを鎮圧するために警察は武力を行使し得るか、戦力と警察との区別は何か、という追及（同年七月一五日、特別委員会）に対し、金森大臣は、「国内治安の維持のために実際上の力を用いることは禁止していない。しかしながらどの程度までが警察権であり、どの限度を超えますれば陸海空軍の戦力となるか、許されるべき範囲と許されざる範囲というものが起こってきて、これは理論的にどこかに境界線が明白に存するものと思うわけであります。ただ実際におきまして、もしも国内治安維持のための警察力ということに言葉を籍《か》りて、陸海空軍の戦力そのものに匹敵するようなものを考えますならば、やはりこの憲法第九条違反となります」と答えています。のちの警察予備隊のようなものに対しても、すでにこのとき「違憲」の判断が示されていたことになります。

なお、その後「芦田修正」によって議論をかもすことになる芦田均が特別委員会委員長としての総括質問を行い、国連と九条の関係について次のような見解を表明していることは注目して良いでしょう。まずそこでは、「日本が一切の戦力を廃止する結果、国際連合国としての義務を果たし得なくなるから、連合加盟を許されないかも知れないという論、あまりに形式論理的であります。日本が真に平和愛好国たる事実を認められる場合には、このような事態はあり得ないと考えて間違いない」と、「自衛権」などの名目による軍隊など想定していないことです。それどころか、「本改正案の目標は、我が国が国際連合に加盟することに依って初めて完全に貫徹し得るものであることは明らか」と、国連に加盟することによって軍備を持たない日本の安全は保持できるとの立場を表明しています。このことを踏まえて次の「芦田修正」を見てみたいと思います。

「芦田修正」の意味

今日から見れば考えられないことですが、九条の政府案に対しては保守系の議員からの反対、あるいは吉田首相らの説明に対する正面からの反対、異論はほとんどありませんでした。占領下にあって、何よりも天皇制の維持が最大の課題と考え、その代償というあきらめがあったと思われます。

しかし本会議、特別委員会ではさまざまな意見、質問が出され、これらを整理する形で行われた第九条の修正作業が、議論も議事録も秘密会として公開されない小委員会に持ち込まれます。その小委員会の場に芦田小委員長が、それまでの意見を取りまとめる形で行われた修正は次の傍線部分ですが、とくに「芦田修正」といわれて問題になるのは第二項の修正です。

第一項「国の主権の発動たる戦争と、武力による威嚇又は武力の行使は、他国との間の紛争の解決の手段としては、永久にこれを放棄する」→「日本国民は、正義と秩序を基調とする国際平和を誠実に希求し、国権の発動たる戦争と、武力による威嚇又は武力の行使は国際紛争を解決する手段としては、永久にこれを放棄する」。

第二項の冒頭に「前項の目的を達するため」を追加する。

その後の議会の審議における閣僚らの説明からすれば、これらの修正は九条の解釈に影響を及ぼすほどの重大な意味を持っているとは考えられませんでした。ところがこの「前項の目的を達するため」の追加が、やがて九条解釈の大きな変更を「合理化」するためのものとして大問題になります。この修正について、朝鮮戦争ぼっ発後の一九五二年一月、芦田自身がこう書いたからです（高柳賢三、他『日本国憲法制定の過程』)。

「……憲法第九条の二項には『前項の目的を達するため、陸海空軍その他の戦力はこれを保持しない』とある。前項の目的とは何をいうか。この場合には、国策遂行の具としての戦争、または国際紛争解決の手段としての戦争を行うことの目的を指すものである。自衛のための武力行使を禁じたものとは解釈することはできない。……第九条の第二項の冒頭に『前項の目的を達するため』という文字を挿入したのは、私の提案した修正であって、これは両院でもそのまま採用された。従って戦力を保持しないというのは絶対にではなく、侵略戦争の場合に限る趣旨である。『国の交戦権はこれを認めない』と憲法第九条末尾に規定してあることは、自衛のための抗争を否認するのではない」

さらに、芦田は一九五六年三月三〇日付の『東京新聞』に掲載された寄稿論文で同趣旨のことを述べ、こう説明しています。

「第二項については、武力および戦力の保持に制限を加えて、第九条の侵略戦争を行うための武力はこれを保持しない。しかし自衛権の行使は別であると解釈する余地を残したいとの念慮から出たものであった。私は七月二七日に第九条の修正案を小委員会に提出した。これは秘密会であったから速記録は公刊されていない。しかし国会に密封して補完してある速記録には全部記録されているはずである」

つまり芦田は、彼の提案した修正によって、第一項で放棄するのは「国際紛争を解決するための手段」としての戦争＝侵略戦争に限定され、従って第二項で禁止される戦力は侵略戦争のために使われるものだけとなり、「自衛のための戦力」は合憲となったというのです。

この寄稿論文で芦田は、「七月二七日に第九条の修正案を小委員会に提出した」趣旨についてはその日の「芦田日記」にも書いてあるとしています。ところが、一九八六年に公刊された『芦田日記』には、そうしたことは書かれていません。『東京新聞』が内部調査を行ったところ、その部分は記者の作文だったことが明らかになり、東京新聞社は「おわび」の記事を掲載しました。

公開された秘密会議事録は何を明らかにしたか

秘密会として行われた小委員会の審議の終了後、芦田は小委員長として、今度は公開の八月二一日の特別委員会において、また、八月二四日の本会議においても、小委員会における審議結果の報告を行っています。そのうち第九条の修正の意味については、次のように述べています。

「第九条において第一項の冒頭に『日本国民は、正義と秩序を基調とする国際平和を誠実に希求し、』と付加し、その第二項に『前項の目的を達するため、』なる文字を挿入したるは戦争放棄、軍備撤廃を決意するにいたった動機が専ら人類の和協、世界平和の念願に出発する趣旨を明らかにせんとしたものであります。第二章の規定する精神は人類進歩の過程において明らかに一新期を画するものでありまして、我らがこれを中外に宣言するにあたり、日本国民が他の列強に先駆けて正義と秩序を基調とする平和の世界を創造する熱意あることを的確に表明せんとする趣旨であります」

この段階では、「前項の目的を達するため」というのは、第一項の「日本国民は、正義と秩序を基調とする国際平和を誠実に希求し」を指すものとして説明されています。

小委員会における修正論議を聞いていた政府委員の佐藤達夫も、この修正の案文は七月二九日および八月一日の小委員会において、芦田氏が起案したものとして提出したのであるが、八月一日付のメモには、芦田氏が特に次のように説明したことが記されています。「『正義と秩序を基調とする国際平和を誠実に希求し』という文字は第一項にも第二項にも書くべきなのだが、その繰り返しを避けけて、第二項に『前項の目的を達するため』と書く。第一項も第二項も日本国民の世界平和への願望をあらわすものであり、それがこの修正案の意図である」（佐藤達夫『日本国憲法成立史』四）とのメモを残しています。

さらに小委員会の議事録です。芦田は秘密扱いになっているけれども、議事録にその修正の趣旨がきちんと書いてあるかのように述べています。芦田は、議事録が永久に秘密のままと思っていたのかもしれません。ところがその秘密会の議事録が八〇年代になって、まずアメリカで、そして日本でも相次いで公開されました。その議事録によれば、芦田は小委員会で修正の趣旨について次のように述べています。

「『国際平和を誠実に希求し』という言葉を両方の文節に置くべきですが、そのような繰り返しを避けるために『前項の目的を達するために』という言葉を置くことになります。つまり、両方の文節でも日本国民の世界平和に貢献したいという願望をあらわすものとして意図されているのです」（一九四六年七月二一日「憲法改正小委員会第六回議事録」）

これは佐藤達夫のメモと一致する内容です。従って衆議院では、芦田の報告を受けても、その修正案が九条解釈を大きく変えるものだとは思わず、修正を了承したうえで可決しました。当時の憲法担当大臣金森徳次郎の子息の久雄氏は証言しています。「芦田氏はのちに、これ（芦田修正）は自衛のためには軍隊が持てるという意味だと解釈して父を憤慨させた。芦田氏は本会議ではそのようなことは何もいっていない。父は戦力を持たないのはあらゆる場合にあてはまると解釈していた」（金森久雄『エコノミストの腕前――私の履歴書』）。従って、あとから異なる解釈のための修正だったと説明しても通用するはずはありません。

実際金森大臣は、衆議院の修正を踏まえて行われた貴族院の審議でも、「第二項は、武力を持つことを禁止しておりますけれども、武力以外の方法によってある程度防衛して損害の限度を少なくするという余地は残っていると思います」が、自衛権はあっても、第二項で「自衛戦争を行うべき力を全然奪われておりますからして、その形はできませぬ」という趣旨のことを繰り返し説明しています。これらの金森大臣の答弁は、衆議院における「芦田修正」によっても自衛のための戦争および自衛のための戦力の保持が可能となったわけではなく、一切の戦争および武力の行使も、一切の戦力の保持も放棄されていることは芦田修正の前後を通じて変りはないということが当時の国会の認識であったことを示しています。

ここから芦田がいうように「自衛のための戦力は合憲」という意味を読み取ることは不可能です。仮に芦田がそうした意図で修正したとしても、議事録からはむしろその反対に読み取れるのです。しかし、芦田のこうした意図を込めた修正だといい出したことに、当事の政府は飛びつきました。もちろん芦田もそのことを予想したうえで、そうした修正の「意図」を語ったわけでしょう。ちょうど警察予備隊（一九五〇年）から保安隊（一九五二年）そして自衛隊（一九五四年）へと九条破壊に向けた動きが一気に強められ、それに対する国民の批判が高まっていたときだったからです。

それでも政府は、保安隊のときには「保安隊の装備編成などは、いささかもって戦争なんかの役に立たないのであるから、ただただ治安維持の目的にのみ使用されるのであって、軍隊ではない。いわゆる憲法第九条二項の戦力に該当しない」（木村法務総裁、一九五二年五月一四日、衆院内閣委）と戦力であることを否定していました。しかし装備も編成も軍隊としての姿を整えた自衛隊では、そうした答弁は通用しません。

そこで政府の統一解釈を出します。それは、「他国からの武力攻撃があった場合に、武力攻撃そのものを阻止することは、自己防衛そのものであって、国際紛争を解決することとは違う。……従って自衛隊のような自衛のための任務を有し、かつその目的のための必要相当な範囲の実力部隊を設けることは、何ら憲法に違反するものではない」というものでした。まさに「芦田修正」に便乗したものでした。

「芦田修正」は、その条文が作成された原点の意味を無視して、そのときどきの支配層の都合に合わせて解釈を行う典型的な例というべきでしょう。

「文民条項」復活の背景

ところが、この「芦田修正」は極東委員会で波紋を呼ぶこととなりました。それは九条とは別の条文から端を発しています。

極東委員会は七月二日に「新日本憲法の基本原則」を採択していますが、そのなかには「首相および国務大臣は、すべて文民であり、首相を含む過半数の大臣は国会より選出され、国会に対し連帯して責任を持つ内閣を構成する」という「文民条項」が盛り込まれていました。ところが、衆議院で可決された政府の憲法改正案には、この「首相および国務大臣は、すべて文民」の部分は盛り込まれていませんでした。吉田首相が九条のもとでは軍人が一人もいなくなるとの理由でこの規定を盛り込むことに反対し、マッカーサーも同調したからです。このことが、政府案が衆議院で可決されたあとの九月二一日の極東委員会で、九条の「芦田修正」との関連で問題になりました。

口火を切ったのは中国（当時は中華民国）代表S・H・タンで、彼は「九条の政府案が修正され、九条一項に特定された目的以外の目的で陸海空軍の保持を許すという解釈を求めていること」を指摘したい、として、「もし日本がここで宣言している以外の軍隊を保持することが許されるならば危険であり、それは日本が何らかの口実のもとで、たとえば自衛という口実で軍隊を持つ可能性があることを意味します」と述べたのです。

これを受けてカナダ代表のコリンズは、極東委員会の七月二日決定にもかかわらず、文民条項が政府案から削除されていることの重大性を指摘し、「九条の軍保持問題については、政府案は適切にあるいは（禁止が）が可能になるように規定しているものを取り除いてしまった」として文民条項の復活を求める発言をしました。

結局、極東委員会の強い申し入れを受けたマッカーサーは、この極東委員会の要求は拒否できないとして、文民条項の導入を日本政府に働きかけます。そのため、貴族院の審議では、文民条項を復活させる修正（第六六条）が行われます。ただマッカーサーは、極東委員会からの強い申し入れで文民条項の導入を日本政府に認めさせますが、極東委員会の「芦田修正」に対する強い疑念は日本政府に伝えていません。

その後の自衛隊発足にいたる経過を見れば、結果的には、中国代表の主張は決して思いすごしではなかったことになります。日本の議員の誰もが思いも及ばなかった芦田修正が持つ危険性について中国代表が鋭く警告を発したことに対し、「日本がかつて『自衛』の名による『侵略』を行ってきたことへの歴史的体験に基づいている」（古関彰一『新憲法の誕生』）との指摘があることは注目しておきたいと思います。

以上見てきたように、日本国憲法九条は決して占領軍や幣原といった一国や個人の発想から生まれたわけではありません。そこにはさまざまな局面で、①アメリカ本国とマッカーサーひきいる米占領軍の思惑、②天皇を含む日本政府と支配層の意思、③二度と戦争はごめんという広範な国民世論、④極東委員会などの国際世論――の四つの力がさまざまな形で働いています。そして、何よりも重視しなければならないのは、その背景には第四章で見るように戦争をこの世のなかからなくすべきとする「戦争違法化」の国際社会の大きな流れがあることです。

第三章　九条と日米安保のせめぎ合いの七〇年

一　九条改憲への道を開いたアメリカの冷戦戦略

戦力も交戦権も放棄した日本が、どのようにして国際社会で国の主権を守り抜くか――これは日本国憲法制定以来つねに問われつづけてきたテーマです。

この点について、まだ占領下にあった日本で将来の連合国との講和条約締結が問題になり始めた頃、外務省条約局長を務めていた西村熊雄は語っています。この問題については外務省に設置された平和条約問題研究幹事会の話題にはなったが、やがて結ばれる講和条約では、「日本は将来、旧連合国のいずれかの国を目標とする同盟もしてはならないという条項が置かれ、結果的に日本は中立という性格を持たされる。これが必至でありましたから、日本の安全保障という問題は、まったく考える必要もなく、また事実検討すること」もなく、ひたすら日本が中立の道を歩むための外交政策の検討をすすめていたというのです（西村熊雄『サンフランシスコ平和条約』）。

実際、憲法制定当時の日本を取り巻く国際世論は、将来にわたって軍備を持たず、いかなる軍事同盟にも参加してはならないというものであり、前述のように一九四八年六月に米英ソ中がまとめた対日講和条約の構想も、そうした内容になっていました。

アメリカの対日政策の転換と九条改悪検討へ

しかし、米ソの対立が激化し、中国革命をはじめとする激動するアジア情勢のもとで、アメリカの対日占領政策の急転換が始まります。

それは、一九四七年三月、トルーマン米大統領の上下両院での演説によって表面化しました。トルーマン大統領はその演説で、イギリスが東部地中海地域から撤退することを踏まえ、この地域で社会主義圏との境を接するギリシャ、トルコを西側陣営内に置きつづけることがアメリカの政策の大きな焦点となったことを強調、ギリシャに二億五〇〇〇万ドル、トルコに一億五〇〇〇万ドルの経済援助を行うと発表しました。同時に「どこに侵略が起きても、直接・間接を問わず平和が脅かされる場合には、米国防にかかわるものと見なす」とし、「武装した少数派や外部からの圧力による征服の試みに抵抗している自由な諸国民を援助することが、アメリカの政策でなければならない」との外交政策を明らかにしました。ソ連陣営を公然と敵と見なす反共を基本に据えたこの演説は、その後のアメリカの冷戦戦略の中心的な柱となっていきます。

そしてこの考え方はただちに日本の占領政策にも波及し、ロイヤル陸軍長官の演説（一九四八年一月）となってあらわれます。

「対日占領政策の方向は極東に再び戦争または侵略が起こらぬよう、これを防止するために役立つ強力な民主政治を育成することにある。日本自身が自立しうるのみならず、今後極東に起こるかもしれない新しい全体主義の脅威に対し、防壁の役割を果たすに充分な強力な安定した民主主義を築き上げることにある」

ロイヤル演説の一カ月後、スターリンのひきいるソ連がまず同盟国チェコへの侵略を行い、つづいてベルリン封鎖を行ったため、ヨーロッパの緊張は一気に高まりました。こうした状況を受けてフォレスタル米国防長官はただちにロイヤル陸軍長官に対し、米軍の占領下にあった日本と西ドイツの「限定的再軍備」の研究を行うよう覚書を送ります。両国がアメリカの占領政策を支えることができるよう再軍備をさせるのが目的でした。

その結果、一九四八年五月には、「近い将来の戦争ぼっ発の際の日本防衛において、削減された在日米軍を支援するために日本の人的資源を活用する」との目的を掲げた「日本の限定的再軍備」計画が作成されます。日本国憲法施行からわずか一年後のことです。この「計画」は国防総省と国務省の対日政策の対立から一時棚上げとなりますが、一九四九年三月、まず国務省が承認し、つづいて国防総省も承認して米政府の正式決定となります。「新憲法の改正とポツダム宣言の廃棄」を正面に掲げた計画書の主要部分を見てみましょう（古関彰一『「平和国家」日本の再検討』）。

五　日本を引きつづき米国の側に置き、戦略的な位置にある日本を米国が支配することは、極東における共産主義の膨張に対抗し、必要とあらば、我々の現在の戦争計画を達成するにも欠かすことはできない。

九　日本の市民警察の増強は、まず現在の中央集権的国家地方警察を強化するために行われるべきである。国家地方警察は、その本来の任務に加えて、占領軍の地域的保安軍の任務を支援し、将来の日本軍隊の組織化への橋渡しとなる（当時の警察は国の管轄する国家地方警察と、すべての市とほぼ人口五〇〇〇人以上の町村に置く自治体警察に分かれていた）。

一一　計画は今や日本の限定的軍備の最終的設立のために、連合国による占領の終了もしくは実質的に日本の主権回復に向けて準備されるべきである。日本の限定的軍備は米国によって主として組織・訓練され、厳重にコントロールされるべきであり、国内の安全を維持し、外部からの侵略に対する地域的防衛行動に従事し、国威の再興に貢献するという目的のために存在すべきである。

一二　今や将来の防衛のための日本軍を容認する立場で、新憲法の改正を達成するための調査が行われるべきである。

ソ連や他の連合国を刺激しないために、この計画は公表はされませんでした。しかし、その後の日本の再軍備の進行はこの計画が着実に実行に移されていったことを示しています。

こうして、日本に戦争放棄の憲法を持つことを強く求めたアメリカによって、今度はこの憲法を形骸化する動きが開始されたのです。

日本を米側陣営の一員に

西村条約局長はこうしたアメリカの政策転換の意味することを、「ポツダム宣言、降伏文書、極東委員会の対日処理の根本をご破算にして、日本を自らの安全保障体制のなかに組み入れる、要するに共産圏諸国を除外する、ほかの連合国だけで日本に独立を回復させて、軍備制限条項を置かないで再武装させ、また経済的にも強大に一日も早くならし、そうして平和条約締結と同時に米英陣営の防衛体制の一環に取り入れようという一八〇度の転換」と明確に指摘しています（西村熊雄『日本の安全保障』）。

米ソの対立に加え、中国革命の進展や朝鮮半島における南北の緊張激化などアジア情勢も緊迫の度を高めていました。これらを背景に、日本国憲法を取り巻く日本社会の環境にも激しい変化の波が押し寄せました。二万二〇〇〇人のレッドパージが強行され職場には反共の嵐が吹き荒れる一方、これとは対照的に、岸信介など侵略戦争を推進した戦犯たちが追放解除によって大手を振って次々と政治の場に復帰していました。

日本と連合国の間の戦争状態に終止符を打ち、日本が主権を回復して国際社会に復帰するための講和問題が浮上したのはそうした状況のなかでのことです。それは西村が危惧したように、日本を米英陣営に取り込もうとする動きの既成事実づくりと平行して進行します。なかでも焦点は、講和条約によって連合国軍が撤退したあとの日本の主権をどう守るかということです。

アメリカの冷戦戦略の立案者といわれる政策企画室のジョージ・F・ケナンが、四八年三月に来日、占領政策には絶大な権限を持つマッカーサーと講和条約締結に向けて数回の意見交換を行っています。そのなかでケナンが明らかにしたのは、日本の将来はソ連次第で、もし今のような脅威でありつづけるならば、日本との講和条約は急がずに米軍を駐留させるか、日本の限定的再軍備をするしかないだろう、いずれにするか現時点で判断するのは尚早、という考えでした。

これに対しマッカーサーはこの時点では、「沖縄に充分な兵力を置けば、アジア大陸からの強襲兵力の展開を阻止するために、日本本土には必要ではない」との見解を表明し、「日本の安全保障について受け入れ可能な解決法は効果的な国際保障のもとでの非軍事化のみである」という持論を展開しました。マッカーサーは後に、「戦争が起こった場合、米国は日本が戦うことは欲しない。日本の役割は太平洋のスイスとなることである」「米国が日本に望むことは中立を維持することだけである」と語っています（一九四九年三月三日付『朝日』）。

ここに見られるように「日本の非軍事化」というマッカーサーの構想は、沖縄基地の要塞化と表裏一体のものでした。マッカーサーが支持した日本国憲法第九条も、沖縄を拠点とする米空軍力がアジアからの攻撃を撃退できる、という前提で成り立っていたのです。

吉田首相はこうしたマッカーサーの考えに共感していたわけではありません、ロイター通信記者との単独会見では次のように語っています（一九四九年五月一一日付『朝日』）。

「対日講和条約の可能性は世界情勢にかかっている。私は日本は軍隊を持ち得ないから、講和条約が調印されたのちも米占領軍が日本に残ることを希望する」

吉田も日本の主権を守ることは憲法九条以外の方法――アメリカの軍事力に頼るしかないという考えになっており、マッカーサーとは違って講和後も、米軍が日本に駐留しつづける必要があるという考えになっていました。しかしその年一一月の国会施政方針演説ではあくまでも憲法九条の精神を貫くのが政府の方針であるとの態度をとって、次のように語っています。

「我が国の安全を保障する唯一の道は、新憲法において厳粛に宣言せられたるがごとく、我が国は非武装国家として、列国に先んじて自ら戦争を放棄し、軍備を撤去し、平和を愛好する世界の世論を背景といたしまして、世界文明と平和と繁栄とに貢献せんとする国民の決意をますます明らかにいたしまして、文明国世界の我が国に対する理解を促進することが、平和条約を促進する唯一の道と私は考えるのであります……軍備のないことこそ、我が国民の安全幸福の保障でありまして、またもって世界の信頼をつなぐゆえんであります」

吉田のこうした考え方はますます激しくなるアメリカとの駆け引きを有利にすすめるためのものであることはやがて明確になっていきます。

二　日本の再軍備を前提とした講和

一九五〇年に入って、吉田は講和に向けて具体的な動きを開始します。長引くインフレーションに歯止めがかかり、日本経済は敗戦の打撃から抜け出しつつあるとはいえ、主権回復こそが本格的な復活への基盤であるとの財界の強い要望があったからです。財界は戦後の経済復興のためには「今や貿易の回復のみ」が頼りであり、「国際経済活動において、相手国ないし競争国と同等の条件が与えられることが是非とも必要」（一九五〇年三月、経団連第六回総会）と考えていたのです。

そのため一九五〇年四月、吉田は早期講和を打診するため、マッカーサーにはその真意を告げずに蔵相の池田勇人をワシントンに派遣し、講和に向けての吉田の構想を米政権中枢に伝えさせます。吉田が池田を通じて伝えさせた内容は、同行した宮沢喜一（後の首相）によると次のようなものでした（宮沢喜一『東京――ワシントンの密談』）。

「近来日本には色々な理由から早期講和を希望する声が強い。これに対して国会内では、当初共産党が中心になり、のちに社会党の人々がだんだん合流して、全面講和でなければならぬという野党連合が成立しつつある。この人々は、全面講和以外のものでは、アメリカに基地を与えなければならぬということに反対しているのである」

「日本政府はできるだけ早い機会に講和条約を結ぶことを希望する。そして、そのような条約ができても、おそらくは、それ以後の日本およびアジア地域の安全を保障するために、アメリカの軍隊を日本に駐留させる必要があるであろうが、もしアメリカ側からそのような希望を申し出にくいならば、日本からそれをオファ（提案）するような持ち出し方を研究してもよろしい」

この密使の手応えについて、宮沢はのちに次のように振り返っています。

「日本が米国に対して講和後に米軍の駐留を認めることによって、講和条約の促進を図ろうとした最初の意思表示であった。かくして日米安保条約の基礎がここに初めて生まれた。講和条約はこれをきっかけにして、翌年九月に結ばれることになるのである」

池田が伝えた吉田の考えは、国務省と国防省の意見対立を調整する任務にあたっていた国務省顧問のジョン・フォスター・ダレスのもとに送られました。この段階で国務省は、いつまでも講和を先延ばしすることはできない、という判断に傾いていました。一九四九年一〇月には中国共産党が政権を掌握し、米ソ対立は決定的なものとなり、反米感情の高まりが、いつ日本に波及するかしれないと考えていたからです。しかし軍部はなお、日本が独立すれば、現状の防衛態勢を修正する必要があると見て、早期講和にブレーキをかけていました。

講和への動きを加速させた朝鮮戦争

一九五〇年六月二五日早朝、北朝鮮の大部隊が三八度線を越えて南に進撃、朝鮮戦争がぼっ発しました。スターリン、毛沢東の支持を得た金日成が、南朝鮮武力解放の強行策に出たのです。

マッカーサーは指揮下にある日本駐留の米軍部隊を朝鮮半島に送り込みました。しかし、そうすれば日本の防衛は空白状態になります。「私が日本にいるあわれなほど薄手な米軍兵力を引き抜いて朝鮮に投入する場合、敵性国家が日本を奪取しようとするような無謀な動きに出るのを防ぐため、とりあえず充分なだけの現地部隊をつくることができるだろうか」（『マッカーサー回想記』下）。それがマッカーサーの悩みでした。こうしたマッカーサーの悩みをやわらげるため、トルーマンはとりあえず手薄になった日本本土、沖縄、台湾が攻撃されることに備え、第七艦隊を台湾海峡に派遣しました（『トルーマン回顧録』二）。

こうしたなかの七月八日、マッカーサーは吉田首相に書簡を送り、「日本政府に対し、七万五〇〇〇人の国家警察予備隊の創設と、海上保安庁定員の八〇〇〇人増加に必要な措置をとることを許可」することを伝えました。「許可」という言葉は使っていても、日本政府への実質的命令にほかなりません。朝鮮戦争ぼっ発を好機として「限定的再軍備計画」が動き出したのです。ただGHQは、これが日本の再軍備の一歩であることに、日本国民はもとより諸外国の批判が高まることを強く警戒しました。七月一三日、国会課長のJ・ウィリアムズが、この件については「国会は何ら審理する権限を持たない」と、すべてを政令によって処理することを強調したのもそのためです（週刊新潮編集部『マッカーサーの日本』）。

吉田首相は、このGHQの方針に従い警察予備隊の設置を政令で強行し、国会の追及に対しては、「警察予備隊の目的はまったく治安維持にある。それが国連加入の条件であるとか、再軍備の目的であるとかはすべてあたらない。日本の治安をいかにして維持するかというところにその目的があるのであり、従ってそれは軍隊ではない」（七月三〇日、参院本会議）との答弁で押し切りました。

しかし、実際に警察予備隊を編成し、装備・訓練を指揮した在日米軍顧問団のコワルスキー大佐は、これを「時代の大うそ」といいます。「アメリカおよび私も個人として参加する『時代の大うそ』が始まろうとしている。これは、日本の憲法は文面通りの意味を持っていない、と世界中に宣言する大うそ、兵隊も小火器・戦車・火砲・ロケットや航空機も戦力でない、という大うそである」といって、「個人的には」と断りながらも、日本国憲法が掲げた徹底した平和主義が実質的に否定されていくことへの無念の思いを表明しています（コワルスキー『日本再軍備』）。

発足した警察予備隊はその後、米軍が朝鮮戦争に出動してがら空きになった米軍基地を守る任務につき、やがて保安隊（一九五二年）、自衛隊（一九五四年）になっていくことによって、「占領軍の地域的保安軍の任務を支援し、将来の日本軍隊の組織化への橋わたし」という「限定的再軍備計画」の描いた道をそのまま歩んでいきます。

朝鮮戦争ぼっ発直後からダレスは、戦争のために対日講和を遅らせてはならないと政府部内を説いてまわり、そのなかで、「日本の防衛を日本自身による何らかの助けなしに、米国が負担することはほとんど不可能である」と述べました。しかし日本政府による再軍備は難しいことから、強力な中央警察と沿岸警備隊の編成、さらに個々の日本人を義勇軍として米軍に編入する案をあげました。前者はマッカーサーの指令によってすでに警察予備隊として動き始めていましたが、後者は「対日講和ができるまで疑問」というマッカーサーの反対で立ち消えとなりました。八月に入ってダレスは、国務、国防省に働きかけ、両者に受け入れ可能な安全保障取り決めの方式についての論議を重ね、当初は渋っていた統合参謀本部も早期講和に傾き、講和促進についての政権内の合意が成立します（前出『日米同盟半世紀』）。

「平和条約」は憲法にとらわれずに

一方、日本国内では、米英陣営だけとの単独講和に反対し、第二次大戦の対戦国すべてとの全面講和を求める運動が高まっていました。しかし朝鮮戦争のぼっ発は、全面講和を不可能なものとしてしまいました。吉田首相はここぞとばかり、「北鮮共産軍が三八度線を越えて南鮮に侵入」し、「共産勢力の脅威が、すでに我が国の周辺に迫っている」「かかる事態に直面してなお、いわゆる全面講和とか永世中立などという議論があるが、たとえ真の愛国心よりでたものであっても、これはまったく現実から遊離した言論であるのみならず、自らを共産党の謀略に陥れんとする危険千万な思想」と朝鮮戦争を絶好の口実に全面講和論を激しく攻撃したからです（一九五〇年七月一四日、第八臨時国会の施政方針演説）。

極東情勢の緊迫化に対応し、マッカーサーも「沖縄の要塞化」によって本土の非軍事化をすすめるというそれまでの主張を転換、本土にも米軍基地が必要という本国との足並みをそろえました。こうして単独講和に向けた動きが本格化します。その講和問題担当を命ぜられたダレスは、就任直後の一九五〇年六月六日に覚書を提出し、「日本国憲法第九条は安全保障取極または平和条約に取り入れて、これを条約上の約束にしてはならない」と主張します。憲法九条の維持を念頭に置かない安保条約、講和条約にする——これがその後のダレスの対日政策の一貫した方針になります。

一方、吉田首相も五〇年一〇月五日、アメリカとの講和協議にのぞむ基本方針について、有識者会議にのぞむ西村条約局長に、「『米側から要請されたらいつでも出せるように、日本側から見て理想的な安全保障取極をつくっておくようにせよ。ダレスは日本に再軍備をさせたいとの気持ちを大いにおわせていた。が、自分は再軍備はいやだとの建前をとる。実際は再軍備になろう』と指示したといいます」（明田川融『沖縄と「平和」憲法についての断章』）。吉田も本心ではすでに憲法の原則に従った講和は無理との判断をしていたのです。その後の日米交渉は、基本的に吉田のこの考えに沿ってすすめられました。日本側は、再軍備について、①日本にもたらす負担、②憲法の規定、③国内ばかりでなく周辺諸国も強く反対するであろうこと、などを理由にあげ、最初は再軍備を拒否するポーズをとりつづけました。

一九五一年一月末にダレスが来日、日米の「講和」に向けた本格的な協議が行われました。吉田はこの段階になって予定通り方針を転換し、二月三日、「講和条約、日米安保協力協定の発効と同時に日本が再軍備計画に乗り出すことが必要になるだろう」として、「再軍備プログラムの最初のステップ」というかねてから準備している覚書をダレスに提出します。講和発効と同時に、公然と日本の再軍備を推進するとの内容です。この覚書は長く伏せられていましたが、日米の話し合いを進展させる大きな要因となりました。

しかし実は、特使ダレスが日米交渉の成否を左右する最大の課題としていたのは、来日早々スタッフの会議で語った次の内容です。それは、安保条約の中心的なねらいは、米国が「日本国内の望む場所に、望む期間、望む数の軍隊を駐留させる権利を獲得できるか否か」にあるということでした。もちろん、それは日本側に伝えられませんでした。

駐留目的めぐり二転三転したアメリカの方針

二月六日に示された米側の安保条約案は、ダレスが述べたように日本はアメリカに陸・海・空軍を日本国内またはその近辺に無条件に駐屯させる権利を許与し、米国はこれを受諾する、というものでした。問題はその米軍が何のために日本に駐留しつづけるかということです。しかし、日本の交渉者には、ダレスが述べた真の意図は知らされていません。この中心問題をめぐってのアメリカの言い訳は二転三転し、日本側はそれに振りまわされることになります。

まず、「日本は武装解除されているので、平和条約が発効すると自衛権行使の手段を持たなくなる」として、当初は「無責任な軍国主義が駆逐されていない、これは危険である」からと、米軍の駐留は、もっぱら「外部からの武力攻撃に対する日本国の防衛を目的とする」とされていました。六月末まではこの案をめぐる調整が行われ、アメリカは講和条約と安保条約の案文を日本側に示しました。ところが事務レベルの審議では、米側の要請で安保条約案の位置づけに関連する重大な修正が相次ぎました。

まず、米軍駐留の目的です。当初の案では、「この措置は専ら外部からの武力攻撃に対する日本の防衛を目的とするものであって、これによって提供された軍隊は日本国の国内事項に干渉する責任または権限を持たない」というものでした。ところがまず、「日本国の国内事項に干渉……」は削除されました。仮に米軍統治下にある沖縄が攻撃された場合に、「国内事項に干渉」するものとして在日米軍が動けないと困るというのがその理由です。

次に米側は安保条約原案のタイトルから「国連憲章五一条に従って」を削除しました。これによって安全保障にかんする日米の取り決めは、国連憲章五一条に基づく集団的自衛権行使の体制であるという考えを撤回したのです。この修正に日本側は強く抵抗しました。日本側は、国連憲章五一条に基づく集団的自衛権による対等な条約を結び、その結果として米軍の駐留を認めるという構成をとろうと考えていたからです。

「平和条約と安保条約の交渉当時の我が交渉者は、平和条約によって我が国が独立国として個別的および集団的の自衛権を有することを確認させ、それに基づいて日本の防衛につき日米間の集団的自衛の関係を明定しようと努力した」というのです。ただ、「そのことが憲法第九条との関係で妥当かどうかにかんする議論は、今日のように外部にもなく、また内部でも深く論議されなかった」といいます（西村熊雄「安保条約改定の歴史」『国際法外交雑誌』）。また、国連憲章審議の過程で突如としてアメリカによって提案された集団的自衛権について日本政府内の認識は必ずしも充分といえず、それが憲法九条との関係でどのような意味を持つかの認識は薄かったのです。

そこで日本側は、「日本は現実に有する自衛力とか労働力とかで有用な協力をすることができる。ことに軍隊の駐留を許容すること自体が何よりも大きい協力であり、援助である」「合衆国が日本を防衛するのはなにも日本のためのみでなく、日本を防衛することは同時に合衆国を防衛することである。だから日本について両国間に共同防衛の関係にある」と、むしろ日本側から、同条約を日米が相互に防衛義務を負う集団的自衛権の関係にあるとの主張を行いました（西村熊雄『安全保障条約論』）。

米軍に基地や労力を提供すること自体、厳密にいえば集団的自衛権行使の一形態といっていいでしょう。しかし、米側は譲りませんでした。米上院で「継続的で効果的な援助と相互協力を与えうる国と安全保障条約を結べる」というバンデンバーグ決議が採択されていることを持ち出し、「日本は憲法九条によって軍備を制約されており、到底アメリカの求める軍事分担をなし得る状況にない」と日本側の主張を退けました。

「日本防衛」は付け足しに

集団的自衛権によるものではないとなると、何の根拠があって米軍が日本に駐留するのかということが問題になります。そこで、また米軍駐留の目的が変更されました。それは、「外部からの武力攻撃に対する日本の安全に寄与するため」というものでした。しかしこれも、「朝鮮戦争や朝鮮以外のほかの戦争において在日米軍を使用できる規定がない」との異議が国防省などから出され、結果として、「極東における国際の平和と安全に寄与」するとの目的が中心に掲げられ、「日本の安全に寄与するため」とあった部分は、「日本の安全に寄与するため使用することができる」という付け足しとなり、米軍の日本防衛の義務があいまいにされてしまいました。これではそれまでの軍事占領をそのまま延長することと変わりありません。

しかも、「極東の平和と安全」のために行動する米軍は、日本政府からも国連安保理からも何の制約を受けるわけではありません。国際法学者の高野雄一は、これは「ほかに例を見ないもので国際法上、国連憲章上、容易に説明しがたい難物」（高野雄一『教養国際法　明日の国際社会と日本』）と評し、「何々組何々組というのが、警察を無視して町の治安はおれが見るという体制」であり、「国連の平和の思想、哲学に対する挑戦」（『月刊社会党』一九七一年一一月号）と痛烈に批判しています。

アメリカが条約の交渉過程で次々と米軍駐留の目的を変えたのは、前述のようにその真のねらいが日本のどこにでも基地を置き、「極東における将来必要となるであろう軍事行動」、すなわち「中国本土（満州を含む）、台湾、ソ連、そして公海を含む極東での軍事作戦における米国（国連の後援のもとにない）による一方的行動」を確保するためであったからです（豊下楢彦『集団的自衛権とは何か』）。「日本防衛」が付け足しになったことはその象徴的あらわれです。

「日本の交渉者は失望した。前文なりとも条約のどこかに日本に対する武力攻撃がある場合、両国が憲章の規定に従って日本防衛のために協力する関係に立つよう努力したけれども、先方は現在の日本は自衛の手段を持たないとして譲らなかった」「日本条項に極東条項が加わった結果、日本防衛の確実性があいまいになったし、極東の範囲や在日米軍が極東条項によって動く場合の日本政府との関係について充分話し合わないで同意したことに対して今もって恥ずかしく思っている」（西村熊雄『サンフランシスコ平和条約・日米安保条約』）との反省も述べられています。

三　対米従属の枠はめた「平和条約」と安保条約

日本と連合国との戦争状態に終止符を打つための講和会議は一九五一年九月四日からサンフランシスコのオペラハウスで始まりました。一方的に西側の立場に立った条約案に抗議し、ソ連やチェコ、ポーランドは会議には出席したものの調印を拒否、インド、ビルマ（現ミャンマー）は式へも出席しませんでした。中国は、中華人民共和国と中華民国双方からの参加申請がありましたが双方とも却下され、日本の侵略を受けた最大の被害国からの参加のない講和会議となりました。

吉田首相は会議の二日前にサンフランシスコに到着、あいさつのためアチソン国務長官、ダレス特使を訪れました。そのときのもようです（前掲『日米同盟半世紀』）。

「この席でアチソンは、今度の会議は講和条約調印のための会議であり、軽微な修正も認めないといった。さらに賠償問題について規定した講和条約第一四条は、日本の利益も充分考慮しているので誠意を持って義務を引き受けてほしい、と語った。また、中国代表権問題については、会議中に日本がいずれの政府を選ぶのかは絶対にいわないようにと念を押した。つづけてダレスは、安全保障条約について、日米では意見が一致しているが、外部に対しては交渉をつづけているという建前をとってほしいと要請した。講和会議中に安全保障条約案が発表されれば、ソ連はそれを攻撃してくる。講和条約のなかの安全保障条項だけなら、ソ連も攻撃できまい、という理由からだ」

まるで親が子をさとすように、講和会議ではアメリカの準備したシナリオを日本が忠実に演じるよう求めるものでした。日本の主体性を尊重する姿勢はまったくありません。こうして始まった会議は、各国の演説を中心とした実質審議をともなわない文字通り条約署名のための儀式でした。八日午前に調印式が行われましたが、調印したのは日本を含めて四九カ国です。

理不尽な領土処理と安全保障

締結された講和条約（正式には「日本国との平和条約」）は二つの大きな問題を含んでいました。一つは領土問題の処理です。条約には、日本は千島列島に対する「すべての権利、権原および請求権を放棄する」とありました（第二条c）。この点にかんして吉田首相は受諾演説で、「千島列島および南樺太については、過日ソ連代表は、これをあたかも日本が侵略によって奪取したかのごとき発言をされた。しかし事実は、日本の南樺太領有は帝政ロシアといえどもかつて争わなかったところであり、北千島は日露両国間の外交交渉の結果一八七五年の条約によって南樺太と交換されたものである」と千島全体が日本の領土であるという正当な主張を行っています。

しかし実は、アメリカは一九四五年二月の米ソ・ヤルタ会談で、ソ連の対日参戦の約束と引き替えに、千島をソ連に引きわたすとの密約を交わしていたのです。「（連合国は）領土拡張の念も有しない」と約束したカイロ宣言（一九四三年一一月）にも違反するこうした密約が「平和条約」を通じて日本に押しつけられ、日本政府はこの条約を受け入れることによって米ソの密約を追認したことになります。この問題を真に解決しようとすれば、さしあたって中間条約によって北海道の一部である歯舞、色丹の返還を実現させることができたとしても、国後、択捉を含む千島列島全体の返還を実施させる根本的な解決には、平和条約のこの部分を破棄する以外にありません。

条約にはまた沖縄・小笠原をアメリカを唯一の施政権者とする国連の信託統治下に置くことに日本は同意する（第三条）ことが盛り込まれました。信託統治とは、自治のない地域に対し、住民の生活向上を図りつつ自治能力を高めるために国連が定めた制度です。日本の一部である沖縄を、国際条約においてこのように扱うことがきわめて理不尽であるばかりか、アメリカは沖縄を国連の信託統治地域とする手続きすらとりませんでした。アメリカには沖縄の自治の促進や住民の生活など眼中にありません。沖縄が占める戦略的位置を重視して軍事占領下に置きつづけるためにこのような規定を「平和条約」に盛り込んだのです。その結果、沖縄はその後一九七二年まで、米軍の占領統治下に置かれ、自治能力の向上どころか平和的発展の道を閉ざされることになりました。

もう一つの大きな問題は安全保障問題です。条約はまず、「日本国が主権国として国際連合憲章五一条に掲げる個別的又は集団的自衛の固有の権利を有することおよび日本国が集団的安全保障取極を自発的に締結する」ことを承認します（第五条ｃ）。その上で、「すべての連合国軍は、この条約発効後……いかなる場合にも九〇日以内に、日本国から撤退しなければならない」としつつ、「但し、この規定は、一又は二以上の連合国を一方とし、日本国を他方」とする条約が締結される場合は「外国軍隊の日本国における駐とん又は駐留を妨げるものではない」（第六条ａ）と日米安保条約の締結を予定した規定を盛り込んでいます。

こうしてサンフランシスコ会議は、まったくのアメリカ主導のプログラムに沿って終了しました。

基地貸与条約としての安保条約

日米安保条約の調印式は、「平和条約」調印式終了から数時間後の八日午後五時から、一転して米第六兵団の兵員集会所という粗末な会場に移動して行われました。その日程が日本の代表団に知らされたのも前日の七日夜です。あまりにも日本を見下した態度に、代表団のなかにはせめて場所か日をずらして対等の形をとりたいとの抗議の声も出ました。しかし、吉田はアメリカの申し入れを受け入れます。そのため、調印式に参加したのは日本の全権団六人のうち四人にとどまり、署名したのは吉田一人だけとなりました。

調印された安保条約（日本国とアメリカ合衆国との間の安全保障条約）は、米軍の駐留目的について

「この軍隊は極東における国際の平和と安全の維持に寄与し、並びに、一又は二以上の外部の国による教唆又は干渉によって引き起こされた内乱および騒じょうを鎮圧するため日本国政府の明示の要請に応じて与えられる援助を含めて、外部からの武力攻撃に対する日本国の安全に寄与するために使用することができる」（第一条）を中心とした全五条の簡潔なものです。交渉経過が示すように米軍の駐留は日本防衛を義務とはせず、たんなる基地貸与条約といってもいいものです。加えて、「内乱および騒じょう」への介入など公然と日本の内政に干渉する規定まで含むものとなりました。しかも、日本国民がこの内容を知ったのは条約の調印後です。

これが「陸海空軍その他の戦力は、これを保持しない」とする憲法第九条とのもとで、いったいどのように説明されることになったのでしょう。多くの憲法学者が違憲論を唱えるなかで、のちに最高裁長官になる横田喜三郎このような論を展開しています（横田喜三郎『日本の講和問題』）。

「憲法で禁止されているのは、日本の軍隊である。日本の軍隊であり、日本の戦力である。外国の軍隊や戦力ではない。従って、形式的に見れば、外国の軍隊や軍事基地を置くことは、憲法に違反しないといえるかも知れない。しかし、実質的に見れば、つまり精神からいえば、……たとえ外国の軍隊や戦力であっても、戦争の手段となるものを存在させることは、右の精神に反するものといわなくてはならない」

ここでは憲法の規定をたんなる「精神」の問題にしてしまい、外国軍隊なら日本国憲法の適用を受けないから違憲ではないとの論理を展開しています。それは、外国の軍隊が日本を拠点として軍事行動を起こしても日本は関与できないということです。そしてこうした「理論」の上に、やがて最高裁は安保条約の実質的容認論を打ち出すことになります（最高裁「砂川判決」）。ここにまったく欠落しているのは、憲法が国の「最高法規」（日本国憲法第九八条）として機能するためには、国家の主権が確立されていなければならないという問題です。その軍隊が日本の基地を使ってどのような行動を行うかは、そのまま国の運命を左右するかもしれません。その外国軍隊の駐留に憲法がまったく関与しないとするならば、憲法は到底「最高法規」とはいえません。

しかも、あとに見るように日本は実際にもベトナム戦争の最前線基地としてアメリカの侵略戦争の一部を担い、国民は土地取り上げや基地公害など日本国憲法のもとではあり得ない権利の侵害を受けることになります。まさに外国の軍隊の存在は、自衛隊以上に日本国憲法の基盤を掘り崩しているのです。

四　日米軍事同盟の強化と九条破壊の進行

一九五二年四月二八日、「日本国との平和条約」が発効しました。しかし「敗戦後六年半にわたる占領に終止符がうたれ、本来ならば独立の喜びにわいて良いはずのこの日、日本の表情は意外に静かであり、陰うつであった」（『昭和の歴史』第九巻）といいます。沖縄、小笠原は引きつづきアメリカの軍事占領下に置かれ、本土でもそれまでの占領軍が安保条約に基づく駐留軍と名前を変えただけでそのまま居座りつづけたからです。

「日本国内の望む場所に、望む期間、望む数の軍隊を駐留させる」とのダレスの要求は行政協定という政府間協定で確認され、米軍に提供された基地や施設は無期限使用が三〇〇カ所、一時使用が三一二カ所、正体不明の施設が一〇〇カ所にのぼりました。新聞は、「かつての租借地などというものはまだなまやさしかったように思われる。……日本という国全体が基地化されているといっても過言ではない」（一九五二年七月二二日付『朝日』）と書いています。

これまで見たように米軍が日本に駐留するのは日常的な訓練を行いながら、「極東」地域でことが起こったら敏速に出動するためです。当然のことながら、国民の生活や権利と米軍の利益が各地で衝突することになりました。そのため、米軍演習のために漁場を取り上げられた石川県内灘村では五二年秋から五三年六月にかけて、怒った漁民が立ち上がって県民ぐるみのたたかいに発展、さらに連続してたたかわれた米軍演習基地に反対する群馬県の妙義・浅間地区では米軍と日本政府にその企てを断念させるなどの成果をあげる例も生まれています。

しかし、アメリカは日本に基地を置くだけでなく、日本がアメリカの世界戦略を補佐する役割を担うことへの要求を強めていきます。そのためアメリカは、「自国の自衛力および自由世界の防衛力の増進と維持のために全面的に寄与」する義務を負うことを条件に、日本に戦闘機やミサイルなどを提供する日米相互防衛援助協定（ＭＳＡ）の締結を決定しました。

この交渉のために一九五三年一〇月、訪米した池田勇人に対し、ロバートソン国務次官補は「本格的な軍備は憲法を改正しなければできないのか」「何年ぐらいでできるか」と強く迫ります。アメリカは講和後も日本国憲法の九条が改悪されないままにあることにいらだっていたのです。これに対し池田は、九条の改悪を急ぐとしつつも、当面、「教育および広報によって日本に愛国心と自衛のための自発的精神が成長するような空気を助長する」ことを約束します（宮沢喜一『東京――ワシントン密談』）。

こうして一九五四年に入ると、憲法改悪の動きは戦後第一のピークを迎えます。この時期の保守党の憲法改悪案は第九条を中心に据えながらも、「『皇位』が民族の統合と伝統の象徴」であることを明記する（改進党「現行憲法の問題点の概要」）とか、「子の親に対する孝養の義務」を規定する（自由党「日本国憲法改正案要綱」）など、復古色の濃いものでした。占領軍によって押さえられていた明治憲法的発想が表面化したのです。そして一九五四年一二月、第一声が「占領政策是正の第一が憲法の改正」という鳩山一郎内閣が発足します。

財界とアメリカもこうした動きを歓迎し、憲法改悪のためには分裂状態にあった保守党が合同する「保守合同」が不可欠なことを強調します。その結果、一九五五年一一月、「現行憲法の自主的改正」を「党の政綱」に掲げる自民党を誕生させました。しかし、この自民党による改憲への第一回目の挑戦となった一九五六年七月の参院選で三分の二を得ることに失敗、トーン・ダウンを余儀なくされます。

安保条約の「双務化」に向けて

安保条約が国民生活にさまざまな面で深刻な被害を広げているにもかかわらず、保守党のなかでは、一方的に米軍に基地を提供するだけの安保条約は「片務条約」であるとの不満が強く、相互に利益を受ける「双務条約」を求める声をつのらせていました。一九五五年八月訪米した重光葵外相は、ダレス国務長官にそのための改定を申し入れます。しかし、「自衛力が完備し、憲法が改正されれば、初めて新事態ということができる」と一蹴されます。ダレスがめざしていたのは、あくまでも日本をアメリカの世界戦略の一翼を担える国に仕立て上げることでした。

そのため一九五七年二月に登場した岸信介内閣は、安保改定のための条件整備を最優先課題に、六月には第一次防衛力整備年計画を開始して軍備増強に乗り出すとともに、八月には社会党がつくはずの一〇人の委員を空席のまま憲法調査会を発足させ、本格的に憲法改悪をめざします。

マッカーサー駐日大使（GHQ総司令官の甥）はこうした日本政府の動きを見て、一九五八年二月、「かなり限定された地域を除いて、日本が我々のために来援することは必要不可欠ではない」と、日本に一定の米軍防衛の義務を負わせることを条件に、安保改定に応じるよう本国政府に働きかけます。

その結果一九五八年九月、藤山外相とダレス長官の会談が実現、安保改定に向けての基本的合意が成立しました。ここぞとばかり岸首相は述べました。「我々は日米協力を可能にする新しい安保条約を交渉する用意がある。しかし、日本国憲法は現在、海外派兵を禁じているので改正しなければならない」と。

さらに岸内閣は、安保改定に反対する国民の運動が高まることを見越して、これを弾圧するために警察官職務執行法の改悪に着手します。しかし、たちまち「デートもできない警職法」「オイコラ警察の警職法」と広範な反対運動が巻き起こり、法案は廃案となりました。そればかりか社会党、共産党、総評を中心とした警職法改悪反対国民会議を通じて安保改定反対闘争に向けての共闘の体験までつむこととなりました。

こうして一九五九年三月に結成された安保改定阻止国民共闘会議と全国二〇〇〇地域におよぶ安保共闘を中心に、二三次にわたる連続的な集会やデモなどが網の目のように展開され、労働者の抗議のストライキには、最高時六二〇万人が参加しています。反対署名も二〇〇〇万人に達しました。

その大闘争のさなかの一九五九年三月三〇日です。東京地裁の伊達秋雄裁判長が、「我が国内に駐留する合衆国軍隊は憲法上その存在を許すべからざるもの」との画期的判決を下したのです。東京都砂川町（現立川市）で、米軍基地拡張予定地に立ち入ったとして町民・支援団体員ら七名が起訴された砂川裁判です。七名に適用されたのは一般の刑法ではなく、安保条約のもとにあり刑法より刑罰の重い刑事特別法でした。住民側は安保条約そのものが憲法違反で刑事特別法の適用は無効と主張して争っていたその裁判への判決です。

あわてた政府は、東京高裁を飛び越えて最高裁に跳躍上告しました。実は一審判決の翌朝、マッカーサー駐日米大使が藤山愛一郎外相を訪ね、このままでは安保改定交渉が困難になるとして、最高裁への跳躍上告という非常手段をとることをすすめていたのです。藤山外相はこれに従って最高裁に跳躍上告、これを受けた最高裁も異例のスピード審理を行い、同年一二月、判決を下します。米軍駐留は「自国の平和と安全を維持し、その存立を全うするために必要な自衛のための措置」としつつも、結論としては、「主権国としての我が国の基礎に重大な関係を持つ高度の政治性を有するもの」であり、「右違憲なりや否やの法的判断は、純司法的機能をその使命とする司法裁判所の審査には原則としてなじまない」として、事件を東京地裁に差し戻すものでした。このとき、マッカーサー駐日大使は田中耕太郎最高裁長官とも密かに会い、裁判の見通しなどを尋ねたといいます（『前衛』二〇〇八年八月号）。日本の主権侵害は最高裁判所にまで及んでいたのです。

安保条約改定案の国会審議は五九年から始まりました。政府の答弁がしばしば行き詰まり、訂正を繰り返したにもかかわらず、岸内閣は六〇年五月一九日、警察官を導入して野党議員を排除し、河野派、石橋派、三木派など党内反主流派の反対を押し切って衆議院で改定安保条約の批准案を強行可決しました。しかし、それ以上すすむことはできませんでした。国会の外ではさらに国民の怒りが高まり、国会は抗議の行動に包囲されてしまったのです。岸首相は、国民の運動を制圧するために、赤城防衛庁長官に自衛隊の出動すら打診しています（赤城長官は応じず）。結果的に、衆議院が承認した条約を参議院が「国会休会中を除いて三〇日以内に議決しないときは、衆議院の議決を国会の議決とする」との憲法六一条の規定をただ一つのよりどころに、「自然成立」という前例を見ないやり方で改定安保の国会承認を図らざるを得ませんでした。内容の面でも手続の面でも、憲法の精神を根底から踏みにじったうえに、六〇年安保条約はようやく日の目を見ることになりました。

国民の怒リは頂点に達し、岸内閣は退陣に追い込まれました。「日米新時代」演出のために予定されていたアイゼンハワー米大統領の訪日も中止されました。

日米共同作戦を明記

改定された条約は、「日本国とアメリカ合衆国との間の相互協力および安全保障条約」と「相互協力」という言葉が加わり、自民党が熱望した「双務化」の姿を名称のうえでも明確にします。その内容は「極東の平和と安全」のために米軍に基地を提供するとの「極東条項」はそのままですが（第六条）、新たに、在日米軍基地またはその他の日本領土が攻撃された場合には日米が共同して対処する（第五条）ことが盛り込まれました。さらに、「国際経済における食い違いを除くことに努め、また、両国の間の経済的協力を促進する」との経済協力の義務（第二条）が盛り込まれアメリカの農産物輸入自由化に道を開くことや、「継続的かつ効果的」に「武力攻撃に抵抗する能力」を発展させる軍備増強の義務（第三条）まで盛り込まれ、いっそう多面的にアメリカへの従属体制を強めるものとなりました。国民の反対運動をかわすため、「この条約が一〇年間効力を存続した後は、いずれの締約国も他方の締約国に対しこの条約を終了させる意志を通告することができ、その場合には、この条約はそのような通告が行われた後一年で終了する」（第一〇条）と一〇年という期限を切った終了規定も新たに盛り込まれました。

一方、安保改定に反対して展開された空前のたたかいは、岸首相が改憲案の作成を期待していた内閣憲法調査会の作業にもブレーキをかけ、調査会は六四年七月、「憲法は改正を要するとする見解が多数」との「報告書」を提出しただけで、改憲案作成の作業に着手せずに解散してしまいました。以後、政府は解釈改憲という手法で安保政策を展開することになります。

姿をあらわした改定安保の危険な姿

改定安保が作動し始めるや、その危険な本質は次々と姿をあらわします。

六三年に防衛庁の最高幹部が在日米軍の指導を受けつつ行った「三矢作戦研究」（一九六三年、統合防衛図上研究）もその一つです。これは、第二次朝鮮戦争が起こったとの想定のもと、日本への武力攻撃という改定安保条約に定めた要件を満たさない場合でも米軍支援を行うことを詳細に検討したものです。そのため開戦と同時に国会を召集し、国民の徴兵や徴用、生活物資の統制など八七件の法律をわずか二週間で成立させることを予定するなど、一種のクーデター的計画でした。

一九六〇年代半ばから本格化したアメリカのベトナム侵略戦争では、「日本なくしてベトナム戦争なし」といわれる状況がつくり出されました。沖縄が米Ｂ52の北ベトナム爆撃発進基地として使われたのをはじめ、本土も兵員や武器の補給、修理、休養などの最前線基地とされ、日本の船舶も輸送のために動員されたのです。椎名悦三郎外相は、「日本が安保条約に基づきアメリカ軍に施設区域を提供していることは、一般論として、北ベトナムなどから敵視されて攻撃される危険がありうる」（一九六六年六月一日）と、安保条約によって日本はアメリカが行う戦争に自動的に巻き込まれる危険と背中合わせであることを公然と語ってはばかりませんでした。

こうした動きに対し、労働者が積荷作業の拒否や、修理した戦車の移送阻止の行動を展開したのをはじめ、六六年以来一〇・二一ストライキ闘争で政府の加担に抗議し、国民のベトナム人民支援の募金運動なども全国的な規模で展開されました。

ベトナム侵略戦争協力反対のたたかいは、五〇年代から始まった高度経済成長政策による格差拡大、過密・過疎、公害の激発など国民の暮らし・権利の侵害に反対するたたかいと結びつき、六〇年代半ばには自民党の国政選挙での得票率を結党後初の五〇％割れに追い込み、さらに「憲法を暮らしに生かす」革新自治体の運動へと発展します。共産党、社会党の政策協定、組織協定を基礎に広範な民主勢力を結集したこの運動は、都道府県レベルでは五〇年からの京都につづき、六七年には東京に、そして大阪、埼玉、神奈川、福岡等々へ広がり、そうした革新自治体のもとに暮らす人々は最高時の七七年には全人口の四二・九％に達します。

一方、一九七〇年以降の国政のなかでは、固定期限を終了した安保条約を継続するか廃棄するかが、最も中心的な課題になりました。その安保条約の廃棄を前面に掲げる共産党が選挙のたびごとに躍進し、革新自治体が大きく広がるなかで、反共野党も一時は安保条約に否定的立場をとります。

公明党は、六四年の結党時は安保条約を一〇〜二〇年存続するとの方針を掲げましたが、六八年の党大会では「等距離完全中立政策」を打ち出し、安保条約は「一九七〇年代を通じて段階的に解消」するとの方針に転換しました。そして、七一年の総選挙で公明党が惨敗し、共産党が大躍進をとげると、七三年の党大会では「即時廃棄」を掲げます。六〇年安保闘争のさなかに社会党を割ってでた民社党も、一時は、ことが起こったときだけ米軍が駐留する「有事駐留」を唱えていました。

こうしたなかで六〇年代半ばから激しさを増していたベトナム侵略戦争では、アメリカの敗色が濃厚なものとなっていました。

これらを自民党は資本主義体制そのものの危機ととらえ、七四年一月の党大会で、「自由社会を守れ」を宣伝戦略の柱に据えることを決定し反共キャンペーンを開始するや、これらの反共野党は動揺を深めいっせいに革新自治体の運動、安保反対の運動から離れていきます。

安保条約の改定によらない日米同盟の強化

一九七五年四月三〇日、ベトナム戦争はアメリカの完全な敗北に終わりました。世界の超大国であるアメリカがアジアの小国に敗北したのです。その衝撃は世界を駆けめぐりました。

八月、三木武夫首相は訪米しフォード大統領と会談、ベトナム戦争敗北でほころびたアメリカの世界戦略の建て直しを話し合いました。その結果、日米同盟の強化を図るための協議機関が設置され、七八年、最初の「日米防衛協力のための指針（ガイドライン）」がまとめられました。六〇年安保闘争の大きな反対運動の再現をおそれた日米政府は、国会審議を必要とする条約改定の形をとらず、たんなる政府間合意で、事実上、安保条約の改定を図るという手法をとることにしたのです。

このガイドラインによって、日米共同作戦の開始時期は、日本に対する武力攻撃が発生した場合（安保条約第五条）から、「日本に対する武力攻撃のおそれのある場合」に前倒しされました。また、「日本国の施政の下にある領域」（同）以外の「極東」有事でも、米軍への補給、輸送、整備などを行うとし、共同作戦地域の拡大も図られました。

国会は「共産党を除く」オール与党化を強めるなかで、「憲法九条があって困ること？　今の自衛隊にはありません」（丸山防衛事務次官、一九七八年五月三日付『朝日』）という状況が生まれ、八〇年一月には社会・公明両党間で「連合政権に関する合意」が結ばれます。それは、日本共産党は連立政権の対象としないことを明記するとともに、「日米安保体制の解消をめざし、当面それを可能とする国際環境づくりに努力する。将来、日米安保条約の廃棄にあたっては、日米友好関係をそこなわないよう留意し、日米両国の外交交渉に基づいて（一〇条手続きは留保）行う」というものでした。アメリカが必要ないというときまで安保条約は継続するというものです。

政党間の問題にとどまらず、安保条約廃棄の旗を掲げた全民主勢力の統一行動として行われてきた「一〇・二一統一行動」も八〇年が最後となったように、それまでの民主勢力の共同にも次々と分裂が持ち込まれました。

こうしたなかでガイドラインの内容が具体化されていきます。

まず有事法制です。一九八一年四月に民間人徴用や物資の収用など防衛庁所管の法令、一九八四年一〇月に医療、運搬など、防衛庁以外が所管する法令についての中間報告がまとめられます。

一九八一年五月に入ると、鈴木善幸首相が訪米し、レーガン大統領と会談し共同声明を発表、ここでは日米関係が初めて「同盟」と規定されました。さらに限定核戦争構想への同調とその具体化としての米空軍核攻撃機F16の三沢基地配備など、日本の「適切な役割分担」を求める米レーガン政権の要求が相次ぎ、これに反対する国民の批判に追い詰められた伊東正義外相が辞任、鈴木首相も政権を投げ出す事態にまで発展しました。

しかし一九八二年一一月に登場した中曽根康弘首相は、アメリカの期待に積極的に応え、「戦後政治の総決算」を唱えて、①日本列島を不沈空母に見立てソ連のバックファイア爆撃機の侵入を阻止する、②日本列島周辺の四海峡の管理に責任を持つ、③一千カイリ・シーレーン防衛、を対米公約とするなど大軍拡路線を打ち出しました。そして、その具体化に必要な膨大な軍事費を確保するため、福祉、教育を切り捨てる臨調「行革」を強引に推進するなど、そうした軍事優先路線は国民の生活を直撃することになりました。

こうした軍事大国化への動きは、改憲の動きにも連動していきます。

岸信介元首相らが六九年結成した自主憲法制定国民会議は、元号法の制定が保守系議員が多数を占める地方議会での促進決議を積み上げることによって実現にこぎつけた経験（一九七九年六月）に目を付け、「新しい憲法の制定を要請する決議案」を各地の議会に送りつけ、その採択を求めました。しかし、この動きは民主勢力のすばやい反撃によって失敗に終わります。そこで八一年、右派勢力を総結集した「日本を守る国民会議」（加瀬俊一議長）を結成、現実問題から改憲に迫るとして、「自衛隊法の改正を要請する決議」を採択することを通じて、自衛隊合憲の立場に立つ民社、公明などを明文改憲陣営に取り込む「迂回作戦」を開始しました。

五　冷戦終結と同時に始まった自衛隊の海外派兵

一九八九年一一月の「ベルリンの壁」崩壊から一九九一年一二月のソ連崩壊へと世界は激動にみまわれました。日本でも「保守と革新の壁はなくなった」といって自民党も野党も安保・憲法などの政策の違いを超えて共同する「政界再編」の動きを加速させ、国会のオール与党化がさらに進行しました。こうしたなか、ついに自衛隊の海外派兵が始まりました。

一九九〇年八月二日、イラク軍が電撃的にクウェートに侵攻、八日には同国の「併合」を発表しました。国際社会は冷戦時代とは打って変わってこれに結束して対応することを決めました。にもかかわらずアメリカは一九九一年一月、国連がイラクに示した撤退期限が切れるや、国際的な合意をまたずに多国籍軍を組織して軍事力行使に踏み出しました。イラクは抵抗しきれず、二月二六日、敗北を宣言しました。

イラクがクウェートに侵攻した直後の八月一四日、ブッシュ米大統領から海部俊樹首相に電話が入りました（『日米同盟半世紀』）。

「今回の事態は、第二次大戦後の国際政治の分水嶺だ。日本も、我々の共通の利益を守るということに完全に参加しているというシグナルを送ることが今世界にとって重要だ。そういう意味で、掃海艇や給油艦を出してもらえれば、デモンストレーションになる。日本が米国に完全にコミットしていることを、世界に強く知らせることが大事だ」と自衛隊の派兵を迫りました。

同じ頃、海上自衛隊にも在日米軍司令部から「掃海艇をペルシャ湾に派遣してもらえないか」、ペルシャ湾に向かう空母ミッドウェーのために「海上自衛隊の護衛艦を派遣してもらえないか」との打診があったといいます。この段階の日本の雰囲気ではとうてい応じられない要求であり、幕僚監部は断ったといいます。そのためアメリカの対日バッシングは日を追って激しくなりました。

「国際貢献」の大合唱のなか

こうした批判になんとか応えようと海部内閣は、まず多国籍軍の輸送、医療活動に対する二〇億ドルの資金援助を行い、その後さらに九〇億ドルを追加しました。そうした資金援助だけではかわしきれないとなるや、ついに多国籍軍の輸送、通信などの活動を支援する「国際平和協力法案」を臨時国会に提出、自衛隊の派兵も企てました。

しかしいち早く立ち上がった国民の反対運動の前に法案は廃案に追い込まれました。そこで海部内閣は九一年九月、旧法案から多国籍軍参加を除き、武器は使用しない、紛争地域にはいかない、受け入れ国同意などの国連ＰＫＯ参加五原則を提示して「国連平和維持活動等に対する協力に関する法律案」（ＰＫＯ等協力法案）を提出、公明、民社両党の取り込みを図った結果、法案は成立しました。

こうして自衛隊は国連ＰＫＯの名目でカンボジア（一九九二年）、モザンビーク（一九九三年）、ルワンダ（一九九四年）、ゴラン高原（一九九五年）、東チモール（二〇〇二年）と海外に出ているのが当たり前の状況がつくり出されました。

これらと連動して自民党は「国際貢献」の大キャンペーンを展開し、あらためて九条改憲の必要性を強調し野党に揺さぶりをかけました。野党もこれに呼応し、「解釈上の疑義をなからしめるため、憲法改正を検討すべき」（民社党と語る会）、「憲法を『不磨の大典』ととらえる時代状況ではなくなった」（市川公明党書記長）、「護憲の立場をさらに発展させ、憲法の創造的展開を図る『創憲』の立場に立つ」（山花社会党委員長）などと、次々と改憲論議の共通の土俵にのぼるようになりました。これは、自民党と野党との連立政権の最大の壁となっていた憲法問題での立場の違いを取り除き、保守・革新の壁を取り払って連立政権をめざす「政界再編」に勢いをつけることになりました。

そのための「政権交代可能な選挙制度」という鳴り物入りの宣伝で浮上したのが小選挙区制です。一九九三年七月の総選挙で自民党が過半数を割るや、かわって成立した社会党、公明党、新生党など七党一会派による細川連立政権が発足、これまでは小選挙区制に反対してきたこれらの政党によって小選挙区制法案が国会に提出されたのです。この法案も国民の反対で、衆院では可決されたものの参議院ではいったんは否決されます。反対したのは政党としては共産党だけでしたが、民主主義破壊のこの制度に国民の反対が高まり、細川与党の議員からも少なからぬ反対者が出たからです。にもかかわらず、財界が直接介入するなど反対議員の激しい切り崩しが行われ、自民党と細川首相との密室の談合で修正合意にこぎつけ、一九九四年一月、法案は成立させられました。

そして一九九四年六月、ついに村山富市社会党委員長を首班とする自民党・社会党・新党さきがけの連立政権が成立、「自衛隊と日米安全保障条約を維持」し、「国連の平和維持活動に積極的に参加する」と自衛隊の海外派兵にさらに踏み込む姿勢を明らかにするにいたりました。

冷戦終了後も軍事同盟を「再定義」

一九九一年のソ連崩壊は、アメリカの世界戦略の柱であった〝ソ連の脅威〟の消滅を意味するものでした。「冷戦はすぎ去った。ソビエト連邦はもはや存在しない。四五年にわたって我々の国防の意思決定を左右した脅威――我々の戦略と戦術、我々の戦力の規模と形態、我々の武器の設計、我々の国防予算の規模を決定した脅威――は去った」（一九九三年九月、レス・アスピン米国防長官「アメリカの戦力構想の徹底見直し――概要」）のです。ソ連ブロックに対抗するものとして結成されていた西側の軍事同盟もその存在意義を失ったことになります。核兵器の廃絶、民族自決権の擁護、すべての軍事同盟の解体など国連憲章に沿った国際秩序をめざす絶好の機会が訪れたのです。

しかし、アメリカが選択したのは「唯一の超大国」として世界支配を強める道でした。そのためには、引きつづき同盟国にその役割とコストを分担させることが必要であり、アメリカはあらためて軍事同盟の再編強化に乗り出すことになりました。その作業はヨーロッパ諸国を中心とする北大西洋条約機構（ＮＡＴＯ）とは「新戦略概念」、日本とは「安保再定義」と銘打ってすすめられました。

ジョセフ・ナイ米国防次官補を中心にすすめられた「安保再定義」は、日米の「二国間パートナーシップを強化」するとし、湾岸戦争のような地域紛争が起きた場合に、今度は日本も「参戦」「協力」できるようにすることを中心的なテーマとして検討がすすめられました。

その結果まとめられた「ナイ構想」は、九六年四月の橋本龍太郎首相とクリントン米大統領の

「日米安保共同宣言――二一世紀に向けての同盟」によって日米間の公式合意となりました。そこでは、「両首脳は、日米両国の安全と繁栄がアジア太平洋地域の将来と密接に結びついていることで意見が一致した」と、安保条約の適用範囲を「アジア太平洋地域」に拡大することを強調しています。西原正防衛大学教授は、「(安保条約)五条は日本に攻撃があったときは、日本はアメリカと対処しますというもの。六条は極東に何かあったときにはアメリカが基本的に対応しますという了解だったと私は考えているんです。今度の宣言ではアジア太平洋で何かあったときには、場合によっては共同でそれに協力しますということで、五条をちょっと超えた作業を日本がするという感じしますけれど」(『外交フォーラム』緊急増刊二〇〇〇年)とそれが安保条約の枠組みを越えるものであることを指摘しています。それがソ連崩壊後の中国、北朝鮮を強く念頭に置いたものであることはいうまでもありません。そのため両国が具体的にどのような体制をとるかは、またもや両国の間でガイドライン(日米防衛協力のための指針)を作成し、具体化することで合意されました。

七八年ガイドラインに変わるその新ガイドラインは九七年九月にまとめられました。そこでは、日米安保条約で明文化されている日本が攻撃された場合の日米の協力、極東で行動する米軍への基地提供に加え、新たに、日本への武力攻撃がない場合でも、米軍の作戦行動に協力する「周辺事態協力」が加えられます。

国会に初めて改憲論議の委員会

その具体化が一九九九年の周辺事態法です。「我が国周辺の地域における我が国の平和および安全に重要な影響を与える事態」（第一条）にあたり、自衛隊が米軍に補給、輸送、医療、通信などの「後方地域支援」を行うというものです。九〇年代に入ってからの国連ＰＫＯへの参加と違い、日本の領域外での米軍の作戦行動を自衛隊が初めて協力するための法律です。

これは、日本政府がこれまで否定してきた集団的自衛権の行使に明確な形で踏み込むものです。にもかかわらず、橋本首相は「現在の法体系のなかでもできることがある」（前出日米首脳会談後の記者会見）と、それが憲法の枠内であるかのように言い逃れつづけました。米国防総省関係者も、「日本が集団的自衛権を行使できるようにならなければ、ガイドライン見直しは意味を持たないという考えだった。しかし、それでは日本の議論を割ってしまうし、中国や韓国との関係を難しくしてしまう」と、ガイドライン見直しを「必要な第一ステップ」とし、あとは第二、第三のステップで考えれば良い、日本政府が引きつづき必要な体制をとるものとして容認しました（『日米同盟半世紀』）。

周辺事態法案は、自民・社民・さきがけの橋本内閣から自民・自由を公明が閣外から支える小渕内閣に受け継がれ、国民の大きな反対運動のなか、ようやく成立しました。冷戦の終結という歴史の大きな分岐点に立たされたにもかかわらず、日本政府はアメリカの軍事力の傘の下で国際社会での地位を主張するという冷戦下の枠組みから脱却するどころか、逆にいっそう深くアメリカへの従属体制に組み込まれる道を選択したのです。

二回目のガイドライン改定作業がすすむなか、「憲法解釈だけでしのいでいくのはもう限界」（中山太郎衆院議員、『THIS IS 読売』一九九七年一月号）ということが実感を持って語られ、二〇〇〇年一月には戦後初めて衆参両院に「憲法制度調査委員会」が設置されました。

しかしアメリカの要求はまったなしです。〇五年一〇月の日米の防衛・外交閣僚による安全保障協議委員会では、「日米同盟は、日本の安全とアジア太平洋地域の平和と安全のための不可欠な基礎」と位置づけ、「政府のあらゆるレベルで緊密かつ継続的な政策および運用面の調整」のための協議機関の設置や、「共有された秘密情報を保護するために必要な追加的措置」など、日米の共同作戦を行ううえで不可欠な法制の整備が合意されました。

〇六年九月、こうしたアメリカの意図を受けて安倍晋三首相が登場し、九条改憲に向けて突進を開始したことは第一章で見た通りです。

第四章　九条めぐる対決を軸に展開されてきた戦後日本政治

——中間的まとめとして

戦後の日本政治のなかで憲法九条が全面的に実施されたことは一度もありません。この憲法が占領下という異常な状況のなかで制定されたときには、すでに連合国占領軍という事実上のアメリカの軍隊が日本の支配権を握っており、さらにその占領軍の指揮のもと、すでに占領下において「将来の日本国軍への橋わたし」としての警察予備隊が発足させられました。そうした異常な状況は日本が主権を回復した講和条約の締結によってもあらためられることなく、憲法に反する状態は拡大されつづけてきました。それが世界的に見ても先進的・先駆的な平和的・民主的条項を持つ日本国憲法のもとで、民主主義を歪め、国民の生活と権利を圧迫する政治を横行させることにもなってきました。その中心的問題点を、三点にわたって見てみましょう。

明治憲法の「外見的立憲主義」を清算できない政治

第一は、九条の解釈・運用をめぐる歴代内閣の政治が、徹底して立憲主義を破壊し、じゅうりんしてきたことです。

「立憲主義」とは、たんに憲法の条文に基づいて政治を行うということではありません。守るべき憲法の内容も問われなければなりません。

封建制の社会から近代資本主義社会への移行をもたらしたフランス革命は、「あらゆる主権の淵源は、本来国民にある。いかなる団体も、いかなる個人も、国民から明示的に発するものでない権限を行使することはできない」（一七八九年「フランス人権宣言」）と、統治権（国家権力）を君主の所有物から国民の手へと移行させ近代立憲主義の憲法を誕生させました。そこでは国民主権を基本に、自由と人権、権力分立などの民主主義の原則が掲げられました。そして二つの大戦を経て、この近代立憲主義憲法は生存権や労働権、社会権、平和的生存権などを含む現代立憲主義憲法へと発展してきました。従って現代では、これらの原則を盛り込んだ憲法に基づいて政治を行うことが立憲主義の基本的要件となっています。

しかし日本における憲法に基づく政治は欧米とはまったく異なる出発をしました。明治維新以来、近代立憲主義の流れにたった自由民権運動が旺盛に展開されたにもかかわらず、明治政府はこれを徹底的に弾圧し、一方的に明治憲法（大日本帝国憲法）を上から国民に押しつけることによって天皇の絶対的支配を確立、国民の自由や権利を抑圧したのです。そのためこの憲法は「外見的立憲主義」の憲法とされています。第二次大戦後、この明治憲法は国民を主権者とし、自由や人権、社会権を豊かに保障し、世界でも最も徹底した平和主義の第九条を持つ現代立憲主義憲法に生まれ変わりました。

ところが、第二次大戦を同じファッショ陣営に立ってたたかったドイツとは違って、日本では明治憲法を支え侵略戦争を推進した勢力が、戦後もそのまま支配の座に座りつづけたのです。憲法は明治憲法から日本国憲法へと劇的に発展しましたが、これを解釈・運用する政府の姿勢は、明治憲法時代の姿勢を根本的に清算しないまま戦後も支配の座に座りつづけています。その結果、政府の立憲主義の理解は憲法発展の歴史を踏まえたものとなってはいません。

とりわけ歴代政府による九条の解釈と運用ほど、日本の立憲主義をおとしめてきたものはないでしょう。その経過は第四章で見てきましたが、「陸海空軍その他の戦力は、これを保持しない」という規定のもとで世界有数の自衛隊という軍隊が存在し、ついに海外での武力行使をしようとするなど、憲法の字句そのものを無視して自分に都合のいいように解釈しているだけではありません。その九条の背景にある過去の戦争への反省を踏まえた平和的生存権の考えをも否定し、「武力による威嚇」を外交の手段としています。日本はいまだ立憲主義の国家であると言い切ることはできません。

アメリカがリードする九条破壊

第二は、そうした九条のじゅうりん・破壊が、圧倒的にアメリカ主導で行われ、名実ともに憲法が「最高法規」となり国民が主権者となることを妨げる大きな要因となっていることです。

占領下の時代において発足させられた警察予備隊が保安隊から自衛隊へと強化されてきたのも、アメリカ主導で行われてきました。しかもこれらの戦力は新旧の安保条約の締結、そして国会にも諮らずその内容を変えてしまう数次にわたるガイドライン合意よってつねにアメリカの世界戦略のなかに位置づけられており、決して日本防衛が主要な目的ではありません。

そうした日本の置かれている立場を象徴するものの一つに、一九七四年九月一〇日、退役海軍少将のラロック国防情報センター所長が米議会原子力合同委員会軍事利用分科委員会で行った「ラロック証言」があります。「私の経験からいえば、核兵器積載可能な艦艇は実際に核を積載しているということである。それらの艦艇が日本あるいはその他の国に寄港する際に、核兵器をおろすことはしない。核兵器積載可能な艦船はオーバーホールか大修理の場合を除いて、通常は核兵器を積んでいる」というものです。横須賀港は一九七三年十月以来、米第七艦隊の空母ミッドウェーの母港になっており、ラロック証言が事実なら「米国による核持ち込みの事実はない」としてきた日本政府の国会答弁は覆され、被爆体験に基づく日本の国是ともいわれる「核を持たず、つくらず、持ち込ませず」という非核三原則は守られていないということです。しかし木村俊夫外相の説明は、「核の持ち込みについての日本政府の立場は従来から一貫している。核が持ち込まれるような場合には日米安保条約による事前協議の対象となるのだが、そのような事前協議がない以上は核の持ち込みはないものと確信する」というものです。まさに日本の運命はアメリカまかせということであり、とうてい、国民を納得させるものではありません。

司法の分野でも、最高裁の砂川事件判決が示すようにアメリカの介入が確認され、その独立がおかされており、権力分立が保障されているとはいえません。

いかに憲法で徹底した平和主義を宣言しようと、日米同盟をつづける限り日本の主権はアメリカの世界戦略によって大きく制約されており、そうした状態のもとで憲法は国の真の「最高法規」にはなれないし、国民も国政についての最高、最終の決定権を持つ主権者とはいえません。

軍事費にみる憲法体制の危機

第三に、九条は人権や民主主義にかんする他の規定と無関係に独立して存在しているわけではありません。そのため九条を改悪することは、憲法の他の部分を変えるのとは違って、日本の政治、経済、民主主義、国民生活全体にわたって憲法の機能を大きく損なうことになります。なかでも、本来あるはずのない軍事費に、憲法の他の原則との激しい衝突をもたらしています。それは、軍事費には次のような特徴があるからです（杉原泰雄『憲法と資本主義』）。

一、軍事費は国民の暮らしに役立つ物資を何も再生産しません。軍人は、生産労働に従事せず、武器弾薬を消耗し、人と物の破壊を職務の内容とします。しかも軍人が良質な労働力の持ち主である青年を中心に構成されており、軍隊はその青年たちを数十万、数百万と結集する組織であり、高価で生産には役立たない武器・弾薬・燃料を大量に消費しています。アメリカの場合、第二次大戦以来、研究開発要員の約半数が軍事生産に雇用されてきたといわれます。

そして何よりも軍事費は生活と国民の福祉を切り詰めます。近年の予算案で見れば、政府は二〇二三年度までに米国製陸上配備型迎撃ミサイル「イージス・アショア」二基の導入を決めましたが、それは一基あたり約一〇〇〇億円が見込まれています。一方、二〇一八年度予算で生活保護の基準額が最大で五％削減されるなかで、東京都墨田区の高齢者住宅で一人暮らしをするＹさん（八八才）は「惣菜の焼き鮭一切れを二回に分けて食べる」（一月二九日『赤旗』）と報じられるなど、社会保障の削減がすすめられています。教育費の無償化を求める国民の要求も実行に向けての努力を表明するだけで応えようとはしていません。

二、軍事費には秘密が多く、そのため企業側の請求額がほとんどそのまま認められ、それが政権党と軍事産業の癒着をもたらしています。たとえば二〇一六年、防衛省に兵器を納入する上位一〇社の軍需産業が自民党の政治資金団体「国民政治協会」に行った政治献金は一億三二八〇万円にのぼりました。同年に防衛省防衛装備庁が契約した兵器の金額は合計一兆八三九七億円で、上位一〇社がその五八％を占めている事実（二〇一七年一二月二日付『赤旗』）とつき合わせると、そこに政治と企業の癒着が生まれことは避けられません。それが政治献金の額と無縁とは思えません。国費を使ってのの買収といってもいいのではないでしょうか。新しい技術が開発されることもあるといって、膨大な軍事支出を正当化してきましが、秘密のベールにつつまれる軍事部門ではコスト意識が低く、軍事部門が民間経済で必要とされる研究開発計画を的確に判断することが困難であり、民需品生産技術との間の互換性は高くありません。軍事技術の秘密の確保の問題も国民の知る権利を侵害しています。

三、軍事費をまかなうために消費税増税などのほか膨大な赤字国債が発行されています。日本の場合、赤字国債発行のつけである長期政府債務残高（一年以上におよぶ政府の借金）はＧＮＰの五〇％に達し、先進資本主義国で最悪だといわれています。その利子だけでも毎年一〇数兆円に達するとみられます。また赤字国債が発行されると自国通貨が割高となり輸出に障害がでます。企業は設備投資をひかえたり、労働者の賃上げをひかえることにもなります。そのため諸生活の基礎となる経済が破壊されます。

第五章　戦争違法化の世界の流れのなかで

一　資本主義の展開と戦争

中世から近世初期にかけての戦争は、宗教上の対立を主な要因とするものが多く、そのため「神の意思」を実現する戦争のみが許されるとする「正戦論」が支配的でした。しかし、そのことによって戦争そのものや戦争にともなう残虐な行為が抑制されたわけではありません。中世の十字軍については、「我が兵士たちはくるぶしまで血の池につかってすすむ大虐殺を行った」（無名の年代記作者）などの記録も残っています。このような「正戦論」は、近代に入ってからは、ローマ教会や神聖ローマ皇帝の権威の失墜によって力を失っていきました。

「戦争は主権国家の権利」とする「無差別戦争観」

かわって一八世紀後半から二〇世紀の初めにかけて支配的になったのは、戦争するか否かを決定するのは、その理由は何であれ、主権国家の正当な権利とする「無差別戦争観」です。それは、交戦当事者のどちらが正しいかは問題ではなく、「戦争は国家が一定のルールに従って行う限り、その理由のいかんにかかわりなく、すべて合法性が認められるかのように主張する考え方」（田畑茂二郎『国際法I』）であり、この考え方は国家が行う戦争をあらゆる規制から解き放つものとなりました。それは先進資本主義国が、遅れた国々を植民地化する戦争を「正当化」するためのまったく身勝手な論理にほかなりません。

イギリスで、ついでヨーロッパやアメリカに広がった産業革命は、生産力を急速に発展させ、資本主義を確立した先進各国は原料や労働力の確保、市場の拡大をめざして競って海外に進出するようになりました。そして発達の遅れた国々を武力で制圧し、植民地・半植民地にしていったのです。それは進出先の住民・国民の生活に耐えがたい苦しみをもたらしました。しかし、新しい時代を動かすことになった資本家たちにとって、原料や労働力の確保、市場の拡大のための戦争が「正当性」を持つかどうかなどは、何の関心もありません。資本家たちは、「太平洋とアフリカのドイツの植民地には野蛮人が住んでおり、彼らは自分たち自身を統治することがとてもできないだけでなく、彼らにヨーロッパ的意味における政治的自決の考えを適用することは実行不可能」であり、彼らを「保護」することは「文明の神聖なる使命」とうそぶいていたのです（松井芳郎『現代の国際関係と民族自決権』）。

たとえば、一八四〇、四一年の「アヘン戦争」です。一八世紀以来、中国からイギリスへの茶・絹の輸出が急増し、それにともなってイギリスが中国に対価として支払う銀の流出も激増しました。その対策として、イギリス政府は当時の植民地インドにおいてケシの栽培を奨励し、それによってつくるアヘンをもって茶の対価にあてました。当然、中国ではアヘン吸引者が激増し、一〇〇人に一人が常習者になったといいます。このアヘン流入を取り締まった中国に対し、イギリス議会が宣戦布告、四〇数隻の軍艦を派遣して行われたのが「アヘン戦争」です。どちらの主張に正当性があるかといったことは、戦争の勝敗とは関係ありません。結果は、近代装備をしたイギリス軍の勝利に終わり、中国は多大な賠償金を支払ったうえ、香港を実質上の植民地である「租借地」として提供し、実に二〇世紀末までその支配を許すことになりました。

こうした戦争が、地球上のいたるところで行われていました。一八九九年と一九〇七年の二度にわたって開かれたハーグ平和会議で採択された「国際紛争平和的処理条約」も、重大な意見の衝突が生じた場合、友好国の周旋または仲介に頼ることなどを確認しましたが、国際法上の詳細な手続きというものではなく、債務不履行の解決を武力で強制することに制限を加えるというきわめて限定的な条約で、戦争そのものの制限や禁止にはいたっていません。

戦争の規模、残虐さの飛躍的拡大

しかし、二〇世紀に入って、「無差別戦争観」は根本的な転換を迫られることになりました。発達した資本主義国が地球上の発達が遅れた国々を次々と支配下に置いていく〝縄張り争い〟が一段落すると、後から海外に進出しようとする国々にとっては植民地の対象とする国がありません。その結果、先に海外に進出している国の〝縄張り〟に入り込もうとしたことから、今度は遅れて進出しようとする国と先に進出している国との発達した資本主義国同士の戦争となり、しかもそれぞれがその利害に基づいて同盟して対立するようになったのです。当然、戦争の規模も残虐さも飛躍的に拡大します。

こうした戦争が二〇世紀初頭にいたるまで繰り広げられ、その最初の頂点となったのが第一次世界大戦です。この戦争では全世界で、軍人の戦死者は八五三万人にのぼりますが、非戦闘員の民間人の犠牲者はそれを上まわる一三〇〇万人を超えたといわれます（『ブリタニカ国際大百科事典』）。

一つには、戦車、飛行機、毒ガスなど科学技術の最先端が戦争に投入されることとなり、戦闘地域と非戦闘地域の区別がつかなくなったことです。さらに、各国は戦争に勝利するため、人的および物的資源を徴用・徴兵・徴発などの方法で強制的に総動員する総力戦を展開するようになったことも大きな要因です。

もっとも、そうした犠牲や負担を強いる戦争への国民の全面的な協力を取りつけるため、各国の政府は、戦争の大義を掲げ、戦争に勝利した後には労働者の社会的・政治的地位を高めることを約束せざるを得ませんでした。典型的なのは選挙権の拡大です。イギリスでは、一九世紀以来女性の参政権要求運動が広がっていましたが、第一次大戦を開始するにあたって、イギリス政府は女性の戦争への協力を取りつけるために、女性参政権を認めることを約束しています。その結果、一九一八年に三〇歳以上の女性の参政権、一九二八年には二一歳以上の男女平等の参政権が実現します。

第一次大戦後、納税額などによる選挙権の制限を取り払った普通選挙制度が、ドイツ、オーストリア、アメリカなど各国に広がりました。天皇制のもとで絶対主義的な政治が行われていた日本でさえ、国民の普通選挙権を要求する運動に加え、こうした世界のすう勢に押されて、一九二五年に普通選挙制（男子のみの、しかも治安維持法と抱き合わせという条件つき）が導入されています。

加えて、第一次大戦末期の一九一七年一〇月、ロシア革命が勝利したことは資本主義諸国に深刻な衝撃を広げました。それが自国の社会主義運動にはずみをつけることをおそれたのです。そして「それは、一九一八年以後のヨーロッパ諸国の憲法議会に対し、『社会的なもの』に対する注意を呼び起こすのに貢献した。この時代につくられた憲法は……自由権のカタログとならんで、家庭や母性の保護、両性の平等、社会保障、教育を受ける権利、労働権、労働者の団結権、健康な生活や休息への権利などが、権利宣言に顔を出し始めた」のです（宮沢俊義『世界人権宣集』）。

しかし何よりも多くの生命を犠牲にする戦争が長期間かつ大規模に展開されるなか、国民の平和への要求は切実なものとなっていました。こうして第一次世界大戦が終った直後に、初の平和をめざす国際組織として国際連盟が誕生しました。「国際法による戦争禁止への実際的な第一歩は国際連盟によって踏み出された」（H・H・エシェック『国際刑法上の国家機関の責任』）のです。

二　戦争違法化を打ち出した国際連盟

国際連盟は、戦争は国家における最も重要な主権の行使という考え方を根本から転換し、「集団安全保障」という考え方が初めて具体的な形をとって姿をあらわしものです。すなわち、外部に仮想敵国をもたず、内部の諸国間で相互不可侵を約束するとともに、これに反する侵略の防止および鎮圧のために協力するというのが「集団安全保障」です。それは第一に、自分の判断で勝手に戦争その他の実力行使をしてはならない、第二にこの約束に反して実力を行使したものがあれば、他の国々は一致協力して実力を行使する——ことを集団的に確認するというものです。

なによりも画期をなすのは、そのために「締約国は戦争に訴えざるの義務を受諾し……」（連盟規約前文）と、戦争を違法とする考えを人類の歴史上初めて打ち出したことです。

世界大戦前には、当時の主要国の政治家たちが国際平和のための組織化の問題に努力を傾けるなどということはほとんどありませんでした。その最初のイニシァティブをとったのは、一〇月ロシア革命によって権力を握ったばかりのソビエトです。レーニンは革命に勝利するやただちに「平和に関する布告」を発し、併合も賠償もない即時講和をすべての交戦国に呼びかけ、同時に、すべての交戦国に休戦交渉を開始することを提案し、回答を要求しました。そのなかでレーニンが特に強く批判したことは、「弱小民族が、同意あるいは希望を正確に、明白に、かつ自由意志に基づいて表明していないのに、強大な国家が弱小民族を合併」することです。これは、それまで資本主義国からは見向きもされていなかった民族自決の問題を正面から提起するものでした。

このレーニンの提起を放置すれば他の国々の社会主義運動を活気づけることになりかねません。そのため、ウィルソン米大統領はレーニンの呼びかけに対する対抗として、一九一八年一月、議会への教書のなかで、戦後の世界秩序についての「一四カ条の提案」を打ち出しました。その提案の最後の第一四条が、各国の政治的独立と領土保全を相互に保障することをめざす「諸国民の一般結社」＝国際連盟創立の提唱です。その目的は各国の政治的独立の保障にあるとして、民族自決の問題を国際的論議の対象とすることを認めたのです。

ウィルソンの提唱は、第一次大戦の処理を行うために開かれたベルサイユ講和会議に持ち込まれ、ほとんどがそのまま講和条約の第一編として採用され、国際連盟が発足しました。

国際連盟規約の主要な審議はウィルソン米代大統領も参加して、フランス、イギリス、イタリアの四カ国で行われましたが、まさに手さぐりと、妥協の積み重ねというのが実体でした。

たとえば、米大統領顧問ミラーの提案で、規約前文に「武力の行使」という言葉が挿入されましたが、起草委員会では「武力」が「戦争」に変えられてしまいました。その結果、法的意味における戦争とは見なされない武力の行使は，規約違反にならないということになり、やがて日本、ドイツなどによる身勝手な解釈への道を開くことになりました。

しかし，前文冒頭の「締約国は、戦争に訴えざるの義務を受諾し」としたことを受けて、第一条では「戦争又は戦争の脅威は、連盟国のいずれかに直接の影響あると否とを問わず、総て連盟全体の利害関係事項たること」と集団安全保障の大原則を打ち出し、「無差別戦争観」を乗り越え、一般的な形ではあっても戦争は「違法」なものであることを明確に宣言し、何が違法であるかを判断する手続きを定めたことに国際連盟発足の意義があります。

「違法な戦争」を指定

連盟は戦争違法化の規定を受けて、具体的に次の三つを違法な戦争としました。

①加盟国が、加盟国間で発生した国交断絶のおそれのある戦争を、裁判にも連盟理事会にもはからず戦争に訴えること。

②裁判の判決が出てから三カ月以内に戦争に訴えること。

③裁判の判決あるいは理事会が全会一致で採択した報告に従う国に対して戦争に訴えること。

逆の面からみると、裁判に従わない国に対する戦争、連盟の報告に従わない国に対する戦争、さらには連盟理事会が報告を採択できない場合の戦争――は禁止されていないのです。さらに自衛戦争を認め、国際紛争の平和的解決にも例外を認めていました。

これらに違反した国に対する制裁は、経済制裁と軍事制裁の二種類です。経済制裁というのは、約束を無視して戦争に訴えた連盟国に対しては、他のすべての連盟国に対し戦争行為をなしたものと見なし、他のすべての連盟国は、ただちに一切の通商上または金融上の関係を断絶し、自国民と違約した国の国民との一切の交通を禁止するというものです。一言でいうなら経済封鎖です。もう一つの軍事制裁は経済制裁とは別の独立したものではなく、経済制裁を実行するのに必要なら武力を行使するというものです。そのために必要な兵力については、連盟理事会は関係各国政府に負担すべき軍事的協力の内容を提案することになりますが、各国がこれに従う義務ではありません。戦争を抑止する実効性を確保する点では基盤の弱いものでした。

加えて、当時アメリカを上まわる植民地を持っていた英仏は、ウィルソンの提案から民族自決の原則を削除してしまいました。そして、「いまだ自立し得ざるもの」に対しては先進国に「後見の任務」があると主張し、これを「委任統治」地域として植民地支配をつづけることを求めたのです。英仏のこうした主張を受け入れることによって、国際連盟はようやく発足にこぎつけることができたともいえます。結局、規約は力の均衡という古い政策と集団安全保障というまったく新しいシステムの間の一種の妥協の産物とならざるを得ませんでした。

しかも、ウィルソンの出身母体であるアメリカ議会は、そうした抜け道を盛り込んでもなお、この構想は理想主義的すぎるとして国際連盟への加盟を否決してしまいました。アメリカは当時、欧州の問題には関与しないが、欧州にもアメリカの問題に介入・干渉させないとの「モンロー主義」を外交原則としていました。この原則を貫くべきだというのが理由です。実際は、アメリカが南米諸国で持っている権益に対し、ヨーロッパ諸国の干渉を排除するためにほかなりません。その意味では英・仏が民族主権を受け入れなかったのと同じです。

実質は英仏の世界支配機構

こうして国際連盟は一九二〇年一月、四五カ国の加盟で発足しました。しかしアメリカばかりか中国も参加せず、世界の主要国となったソ連は参加を拒否されました。その後二六年にドイツが加入しましたが二九年の世界大恐慌の後イギリス、フランスなどと対立し脱退。さらに日本も一九三一年、満州事変以後イギリスなどと対立し、一九三三年に脱退しました。かわって一九三四年にソ連が加入しましたが、一九三九年に独ソ不可侵条約の締結にともない除名され、一九四〇年には連盟は事実上崩壊しました。

世界平和の維持を目的とする集団安全保障は、主要国を含む世界の圧倒的多数の国が参加してこそ実効あるものとなります。その点では、この加盟国の数と内容でも、集団安全保障機構としては不充分な面を持っていたといわざるを得ません。

発足の経過や加盟国の状況を見ても、国際連盟は英仏による世界支配のための機構にならざるを得ない限界を当初から持っていました。もちろん、英仏が植民地として支配していたアジア・アフリカの国々には、前述のように民族自決の原則は適用されませんでした。また、中東の大国オスマン・トルコ帝国が第一次大戦の敗戦によって崩壊した後、英仏はこれらの地域をいくつもの国に分割し、国際連盟の「委任統治」の名で支配下に置くこととなり植民地支配はむしろ拡大されました。

結局、国際連盟は、その掲げた目標とは裏腹に、実際には、民族独立運動や社会主義政権、さらには各国の労働運動まで敵視することとなってしまいました。

日本政府の中でも、この国際連盟発足について、外務省条約局第一課の阪本瑞男は、「従来の国際法において認めたりし国家の戦争権をはじめて一般的に制限したものであって、戦争違法化の第一歩として国際法の第一歩となるのはもちろんである」との評価を行っています（「戦争違法化の考察」――『外交時報』一九二六年第五〇八号）。しかしもちろん、中国侵略をすすめつつあった日本にとってこれは少数意見で、日本は満州事変を契機に国際連盟から脱退しますが、もともと国際連盟創設時から本音は加盟には反対で、加盟したのは次の発言に見られるように国際的孤立を避けるためにすぎませんでした。

「我帝国の国際連盟に加入するは素より衷心の満足を以てするに非ずして加盟拒否の場合に於ける国際的孤立の境遇に陥るの不利を避け我帝国前途の利害を打算するよりして止むことを得ず之に加盟するの外なかりし」（一九一九年一〇月二九日、外交調査会における伊東巳代治の発言、「外交調査会会議筆記」）。

三　「自衛権」が最大の焦点となった不戦条約

国際連盟が打ち出した戦争違法化の方向は、不戦条約（正式には「戦争放棄に関する条約」）によって、アメリカも含む集団的安全保障へと新たな前進をみせました。

きっかけとなったのは一九二七年四月、フランス外相ブリアンが、アメリカの大戦参加一〇周年にあたってアメリカ国民にメッセージを送り、「戦争を違法」なものとする二国間の不戦宣言および紛争の平和的解決を呼びかけたことです。ブリアンがこのような呼びかけを行った意図について、アメリカでは、大戦中に負った対米債務の不払いに対しアメリカが武力を行使することを防ぐためとか、フランスが軍縮会議に参加しなかったことから他国の目をそらすためなどの分析もあります（筒井若水『自衛権』）。しかしフランスはこれに先立って、イギリスや国際連盟に加盟していないドイツなどとも安全保障協定（一九二五年「ロカルノ諸条約」）を結んでいます。そこでは、「いかなる場合も攻撃または侵入せず、また、戦争に訴えないことを約束する」と、国際連盟よりもさらに強く戦争に対する規制を行っています。フランスは局地的に平和のための外交を展開していたとみるべきでしょう。

ともあれ、ブリアンの提案をアメリカのケロッグ国務長官は好意を持って受け止め、戦争を無条件で禁止する条約は、二国間ではなく他の主要国も含めた多国間で締結することによって世界平和への貢献となる、との逆提案を行いました。こうして不戦条約に向けての交渉が開始されました。

「自衛権」をめぐる初の本格的論議

この交渉の過程における論議の最大の特徴は、「自衛権」についての論議が、その意味・内容を含めて初めて本格的に展開されたことです。「自衛権は非常に重要な意味を持ち、いろいろと問題にされている。しかし、これは比較的に最近のことである。だいたいに、第一次大戦のあとからである。わけても、一九二八年の不戦条約のときからである。この条約によって、戦争や武力の行使が広く禁止され、自衛権によるものでなければ、それらを行うことができなくなった。そのために自衛権が特に重要な意味を持つようになった」（横田喜三郎『自衛権』）というわけです。

ブリアンとケロッグの微妙な意見の食い違いは、ケロッグの申し入れの序盤からおこっていました。ケロッグが、すべての「戦争」の禁止ではなく、すべての「侵略戦争」の禁止のみを考えていると述べたのに対し、ブリアンは「国家政策の手段としてのすべての戦争が他の諸国との予備討議の対照となる」としてもっと広い国々の間で討議することを強く主張したからです。そして、二八年四月には両国がそれぞれの条約案を出し合いましたが、ケロッグ案は、①国家の政策の手段としての戦争を放棄するという条約の規定は、自衛権を害するものでないことを条約に明記すること、②条約に違反する国家に対しては戦争に訴える、というものでした。これに対してアメリカ案は、①米条約案も自衛権を制限していない、②しかし、「この権利（自衛権）はあらゆる主権国に固有のものであり、あらゆる条約はこの権利を内蔵しているのであるから、条約の規定に明記されているかどうかを問わず、締約国は攻撃や侵入から自国の領土を守ることができるのである。その場合、自衛の戦争に訴えることができる場合かどうかの判断は、当該国だけが下すことができる。しかし、この自明の権利を条文中に書き込むことは、自衛の対象である侵略を定義しなければならないので避けるべきである。条約に書いたからといって自然の権利に何も追加することがないのならば、困難な定義をあえてする必要はない」というものです。米上院も二九年一月、条約を支持するにあたってほぼ同趣旨の決議を採択しています。

この仏・米の案を提示された英、独、伊と日本政府の四カ国はアメリカの主張を支持し、アメリカの呼びかけに応え条約への加入通告を行います。こうした論議がスムースに行われていた背景には第一次大戦後ますます高まっていた国際的な平和の世論があったといっていいでしょう。

できあがった条約は、「締約国は、国際紛争解決の為戦争に訴ふることを非とし、且其の相互関係に於て国家の政策の手段としての戦争を放棄することを其の各国人民の名に於て厳粛に宣言す」（第一条）と戦争の放棄を規定するとともに、「締約国は、相互間に起こることあるべき一切の紛争又は紛議は、其の性質又は起因の如何を問わず、平和的手段に依るの外之が処理又は解決を求めざることを約す」（第二条）と紛争の平和的解決を定めています。

しかしながら、不戦条約では、締結に向けての経過が示すように、戦争は一般的に違法としながらも、「自衛権」の行使による戦争は例外とされることになりました。従って、ここで交わされたフランスとアメリカの間の論議は、その後の戦争違法化の流れに大きな影を落とすことになりました。「自衛権」を名乗りさえすれば、戦争することは加盟国の自由ということにほかならないからです。

見ておかなければならないのはアメリカの主張の矛盾です。「侵略」が定義できなければ、それに対抗する「自衛」の行為も定義できるはずはありません。アメリカは、「固有の権利」「自然の権利」などということによって、そうした問題に正面から応えることを避けたのです。しかも、「自衛権の行使かどうかの判断は、この権利を行使する国だけが行うことができる」というのですから、ますます客観性の乏しいものとなります。アメリカは、「自衛権」の意義をあいまいなままにしておくことによって、自国の戦争政策の手をしばらないようにしたのです。しかもそこでは先制的自衛権の行使も排除されていません。さらに条約はこれに違反した国に対する制裁についても、何も定めていません。これは集団安全保障の考え方の大きな構成要件を欠くものといわざるを得ません。

「自衛権」をめぐる初期の論争

アメリカは自衛権を「自然権」といいますが、もともと「自衛権」という言葉の意味について、それまで国際的な合意があったわけではありません。「正戦論」や「無差別戦争観」の時代には、そうした「権利」を主張する必要性もなかったからです。

ただ、「自衛権」という言葉そのものが、このときまでなかったわけではありません。たとえば、法律の教科書などでは自衛権が早い時期に主張された例として、デンマーク艦隊引渡要求事件（一八〇七年）、カロライン号事件（一八三八年）などがあげられます。

カロライン号事件を例に見てみましょう。これは、当時はイギリスの植民地だったカナダの独立運動を支援するため、人員や物資の輸送にあたっていたアメリカ船籍のカロライン号をイギリス軍がアメリカの港でとらえ、船に放火し、ナイヤガラの滝に投げ込んだという事件です。これによって、独立運動の支援者であるアメリカ人乗客が被害を受けました。このとき、カロライン号襲撃を「自衛権の行使」と主張するイギリスに対し、アメリカはそれが「自衛権の行使」であることを証明するよう求めたのです。その際、アメリカが「自衛権行使」の基準としてあげたのが、イギリスにとって「差し迫った危険」があったかどうか、「ほかの手段を選ぶ余裕がなかった」かどうか、「必要最小限に限定され、明確にその範囲内」であったかどうか——の三点です。結局、イギリスが一八四二年になって非を認め、遺憾の意を表明したことで紛争は決着しました。この三要件は、いまでも「自衛権」行使の構成要素とされ、日本でも採用されています。しかし、このことをもって「自衛権」の意味が説明されたとはいえません。

カロライン号事件は、まずアメリカ政府がイギリスに攻撃をしかけたことによって起こったものではありません。さらにアメリカの領域内で起こっている事件です。イギリスの行為は、明らかに他国の領城を侵犯したものであって、どのように解釈しても「自衛権」を主張する余地はありません。一方、アメリカがあげた三要件は、イギリスの行為が「自衛権の行使」と認められた場合に、それが武力の行使を必要とするほどのものかどうかの判断基準を示したものであって、「自衛権」そのものの意味を明らかにしたものではありません。つまり、イギリスもアメリカもそれぞれが「自衛権」という言葉を勝手に解釈してやりとりしていたにすぎません。このように、不戦条約をめぐって「自衛権」の論議が行われる以前においても、その内容はきわめてあいまいであり、これを「自然権」とする根拠はどこにもありません。

もちろん、国家がその主権を守るためには、外国からのどんな攻撃であろうと、それを跳ね返す自己防衛の権利を持っていることはいうまでもありません。他国によって主権を侵害されている国においては、国民は国権の最高・最終の決定権を持つ主権者となることができないからです。しかし、その「自衛権の行使」が武力の行使だけを意味するわけではありません。むしろ武力を行使しなくともすむように、平和外交を展開することや、経済的な圧力を強化すること、あるいは国民的な抗議・抵抗運動も考えられます。アメリカがあげた三つの基準は武力によって守る場合の基準です。そして日本国憲法九条がめざしたのは、日本が中立国となって平和外交を展開することによって日本の主権を守る道です。これも主権を守る選択肢であることは明らかです。従って「自衛権」の行使としての戦争を認める場合にも、「自衛権」の内容を厳密に定義することが必要です。

このよう見てくると、「不戦条約の論議におけるアメリカの自衛権容認の主張は、当時においても必ずしも当たり前とはいえなかった、と考えられます。むしろ、アメリカの主張が不戦条約に参加した国々によって受け入れられた事実を通して、自衛権は主権国家に固有の権利、とする解釈がとおるようになった、と考えられるべき」（浅井基文『集団的自衛権と日本国憲法』）と指摘されているように、むしろこの論議はその後の各国の「自衛権」主張のきっかけをつくったものというべきです（国連が「自衛権」という言葉を使うことに当初慎重な態度をとったのはその意味についてなお国際的な合意がないと見られたからだと思われます。しかし、この言葉が国連憲章に盛り込まれた後はその定義を行う努力をつづけ、一九七四年の総会で、「国家の軍隊による他の国家の領土に対する侵入もしくは攻撃、一時的なものであってもかかる侵入もしくは攻撃の結果として生じた軍事占領、または武力行使による国家の領土の全部もしくは一部の併合」など八項目からなる「侵略の定義」の採択にこぎつけています）。

植民地政策との整合性図る

イギリスやアメリカが不戦条約の締結にあたって、「自衛権」にこだわったのには理由があります。この条約によってすべての戦争を違法なものとして禁止すれば、植民地支配をつづける障害となるからです。それは、この条約の調印にあたって、イギリスが次のような留保を行ったことを見れば明らかです。

「世界のある地域の福祉と保全は、我が国の平和と安全にとって特別の死活的な利害関係を有する。我が政府は過去において、かかる地域への干渉は放置できないものであることを明らかにしてきた。かかる地域を攻撃から保護することは、英帝国にとっては自衛の措置である」

これが国際連盟規約の審議あたってイギリスが行った「委任統治」の主張と瓜二つであることはいうまでもありません。アメリカでも、上院外交委員会の批准にあたって、「我が国の国防体系の一部をなすモンロー主義を維持する権利」を確保することを留保条件としました。前にも見たように、南アメリカ諸国に対する支配にヨーロッパ諸国の介入を許さないことを「自衛権」の名において「正当化」するものです。日本も条約への加盟にあたって、自衛の範囲に「満州を含む」の解釈を行いました。そしてこの不戦条約の交渉がすすめられたのは、日本がまさに山東出兵を行っている最中のことでした。そこで政府は「支那が頑強に排日運動を継続し、不当に我が権益を侵害する如き場合」は「我が国は適当な特別措置を以て対応するを防げざるべし」と、まさに「自衛」の名によって中国侵略戦争を拡大していきます。

「自衛権」問題をめぐる論議には、このように植民地支配と民族の自決権問題がつねにからんでいることを見落とすことはできません。それは、第二次大戦後まで持ち越される問題です。

不戦条約は、国際連盟には参加しなかったアメリカ、中国なども参加して（原署名国は一五、ソ連は後に参加）発効し、一九三八年末までには全世界の国の九割以上にあたる六四カ国が参加しました。日本政府も、第一条の「各国人民の名において厳粛に宣言す」は天皇を主権者とする日本の国体とは異なるという異論が出されましたが、この部分の留保を宣言して条約に加入しました。

不戦条約は以上に見たように、大国の利害を込めたものであったことは否定できません。しかし、この条約によって、戦争を違法とする考え方が世界に広がっていったことは正しく評価しておく必要があるでしょう。「国際法における重大な原理的転換を意味するものであり、国際法史上画期的な出来事であった」（大沼保昭『戦争責任論序説』）との評価もあります。それは、「国家の政策の手段としての戦争を放棄する」（一九三一年「スペイン憲法」、一九三五年「フィリピン憲法」）など、不戦条約の文言をそのまま自国の憲法に取り入れた国々があらわれたことに見ることができます。

ちなみに、当時のフィリピン連邦国民軍の軍事顧問は日本国憲法に戦争放棄の条項を盛り込むことを直接提起したマッカーサーです。さらに「（不戦条約の）文言は、後に日本国憲法が『国際紛争を解決する手段として』の戦争や武力を放棄すると定めたところに直結する。総司令部が草案を作成したとき、民政局スタッフだったケーディスは、かつてハーバード大学学生だった頃の不戦条約の熱気を思い出し、空襲にあわなかった東大図書館からこの条約文ののった書物を借り出して、第九条草案作成に役立てた」（浜林正夫・森英樹編『歴史のなかの日本国憲法』）といいます。日本国憲法九条もその影響を強く受けているといえます。

侵略戦争の拡大と国際連盟の破たん

第一次大戦から一九三九年の間は「戦間期」といわれます。とりわけその前半の二九年の世界大恐慌にいたる一九二〇年代は、不戦条約にも見られるように国際協調が重視されました。しかし、それは同時に、英仏が第一次大戦で得た権益を維持、確保しようとするための平和と安定であったことも事実です。そのため、一九二九年に大恐慌が起こって資本主義経済の矛盾が噴き出すや、第一次大戦後に築き上げられた平和への努力はあっさり突き崩されてしまいました。

まず、一九三一年九月、日本が中国東北部に軍隊を展開した「満州事変」です。日本政府は、関東軍自らが引き起こした南満州鉄道爆破事件（柳条湖事件）をきっかけに中国への侵略戦争を本格化させ、翌三二年には、かいらい政権による「満州国」をでっち上げました。れっきとした武力行使を「事変」と呼んだのは、国際連盟規約や不戦条約にいう「戦争」禁止という規定の適用をまぬがれ、自国の権益維持のための反乱鎮圧という印象を与えるためです。同時に、アメリカとイギリスが「特殊利益地域」には不戦条約は適用されないことを確認していることを持ち出し、日本の行動も「自衛権の行使」であると主張しました。

しかし、侵略された中国も不戦条約の加盟国であり、日本と対等にこの条約によって保護を受ける権利を持っています。中国は日本軍の行為を連盟規約違反として国際連盟へ提訴しました。にもかかわらず、イギリスやアメリカは、当初、日本への批判を行っていません。イギリスやアメリカは国内の大恐慌や、そのなかで高まった労働者のたたかいへの対応に追われていただけではなく、基本的には同様の行為を海外で行っていたからです。イギリスのサイモン外相にいたっては、国際連盟が日本に対する有効な措置をとることをいっさい阻止する方針だったといわれます。その足もとを見て日本政府は、国際連盟の理事会や総会が採択した撤兵を求める勧告などをいっさい無視しつづけました。

イギリスやアメリカなどが厳しく日本を非難するようになったのは、日本がやがて上海など中国に対する侵略を全面化させ、米英などが中国に持っていた権益と衝突するようになってからです。こうして一九三三年の総会で「自衛権」の主張が退けられた日本は国際連盟を脱退、国際的なルールをまったく無視して中国大陸への侵略戦争を拡大していきます。

同じ一九三三年、ドイツでは二月の国会放火事件をきっかけに「民族・国家保護法」、続いて三月には「授権法」を制定し、憲法を無視する法律が自由に制定できるようにし、世界の民主主義的憲法の先端をいくワイマール憲法を骨抜きにしてしまいました。こうして国会を無力化して独裁体制を確立したヒトラーは、三六年のスペイン内乱への干渉戦争を手始めに、国民の権利を徹底的に抑圧しながら侵略戦争を拡大していきました。そして一九三九年九月、ポーランドへの侵略を開始したドイツに対し英仏が宣戦布告を行い、第二次世界大戦の火ぶたが切って落とされました。

四　戦争違法化の徹底めざした国際連合

一九四〇年九月、日本、ドイツ、イタリアのファッショ三国は、ヨーロッパとアジアにおけるそれぞれの勢力圏を認め合う三国同盟を結び、そのことを背景に四一年一二月、日本は米英との戦争を開始、つづいて独・伊もアメリカに宣戦を布告しました。また、ドイツがこの年六月にソ連への侵略戦争を開始したため、ソ連と米・英・仏の反ファッショ諸国も互いに協力し合うようになります。

こうして第二次世界大戦は、世界の主要国が二つの軍事ブロックに分かれて正面から対決することになり、その被害は規模、残虐性において、まさに人類史上未曾有のものとなりました。この戦争に巻き込まれた国は六〇カ国、人的犠牲だけでも前述のよう死者が三五〇〇～六〇〇〇万人という想像を絶するものでした。新たに生物化学兵器、ロケット・ミサイル、レーダー、磁気機雷などが使われただけでなく、最後のたたかいの場となった日本では、人類初の原爆投下という残虐行為まで行われました。

反ファシズム戦争のなかで

日・独・伊の強力な軍隊とたたかうためには、連合国の側も、第一次大戦以上に総力戦を強いられることになりました。そして国民を文字通り総動員していくためには、この戦争がファシズムとの闘争であるとの大義を掲げるとともに、戦後の世界平和についての構想を明らかにする必要がありました。それを打ち出したのが、一九四一年八月、ルーズベルト米大統領とチャーチル英首相が大西洋上で会談して発表した「大西洋憲章」です。ソ連、中国（中華民国）もこれを支持し、さらに二二カ国が加わって、正式に反ファッシズムの連合国が形成されます。

「大西洋憲章」は、「すべての国のすべての人が、恐怖と欠乏からの自由のうちに、かれらの生を全うすることを保障するところの……平和を確立する」と、「平和」を第二次大戦後の世界政治の目標として前面に掲げます。それを実現するための保障として、領土不拡大、民族自決、政府形態の選択の自由、通商・資源への平等参加、経済面での国際協力、海洋の自由、武力行使の放棄と軍備縮小、集団的安全保障体制の八原則を示しています。

この八原則は、大戦後の国際連合憲章の下敷きとなり、戦後の各国憲法における平和条項の規定や市民的・政治的権利のいっそうの充実、社会保障や労働権など生存権・社会権の確立に道を開くことになります。人々は二つの戦争から、基本的人権の保障と生活水準の向上は恒久平和の基礎、との教訓を引き出したのです。

特に、第一次大戦中と比べていっそう強調されたのが民族の自決にかかわる問題でした。憲章には、各国人民の自由な意志に基づかない領土の変更を認めないことや、自らの政府の形態を選ぶことを各国人民の権利として認めることが含まれています。それが、植民地人民を連合国の戦闘員として動員するためだけではなく、ドイツ、日本が侵略したことによって植民地支配を受けることになった地域において、人民の自発的な抵抗闘争を呼び起こすためにも欠かせないことだったからです。イギリスやアメリカの本音はどうであれ、このことは植民地の人民をふるい立たせました。そのことによって、ドイツや日本による新たな植民地支配に苦しむ人々を、闘争に立ち上がらせただけではありません。その闘争はイギリスやアメリカの思惑を超え、戦後のベトナム戦争に象徴されるように、敗戦によって日本軍などが撤退したあと、また舞い戻って植民地支配を再開しようとしたフランス、アメリカなどの先進国との闘争に引き継がれ、多くの国々の独立を達成する力となっていきます。

第二次大戦は、イタリアが一九四三年九月、ドイツが一九四五年五月、そして同年八月に日本が無条件降伏し、連合国の勝利に終わりました。

国際連合と集団安全保障の徹底

「われらの一生のうちに二度まで言語に絶する悲哀を人類に与えた戦争の惨害から将来の世代を救い……」の前文で始まる国連憲章の調印式は、一九四五年六月二六日、サンフランシスコで行われました。

一九四二年の「大西洋宣言」で打ち出された国際連合設立の基本構想は、一九四三年一〇月のモスクワ会談を通じて米英ソ中の四カ国外相（中国は駐ソ大使）の合意となり、ダンバートン・オークス会談（一九四四年八月）、ヤルタ会談（一九四五年三月）で練り上げられました。そして、日本がまだ最後の抵抗をつづけていた一九四五年四月二五日、サンフランシスコに五〇カ国の代表が集まり、ここで憲章についての最後の討議を行い、出された意見をもとに必要な修正を加えたうえで、調印のはこびとなったのです（原調印国は後に一国が加わり五一、憲章の発効は同年一〇月二四日）。

国際連盟が第二次大戦を防げなかったことの教訓を踏まえて、発足した国連の目的を集団安全保障の機能をさらに徹底させたことに置きました。それはまず集団安全保障の第一の要因である自分の判断で勝手に戦争をしてはならないという戦争違法化の追求、第二に、この約束を破ったものに対する制裁です。

そのため国連憲章は第一条第一項の「目的」で、「国際の平和および安全を維持する」ために「平和に対する脅威の防止および除去」を掲げ、「侵略行為その他の平和の破壊の鎮圧とのため有効な集団的措置」をとるとしています。これは集団安全保障の内容をそのまま簡潔に条文化したものにほかなりません。

そしてまず、戦争違法化の立場から、すべての加盟国は、「その国際紛争を平和的手段によって解決する」こと（第二条三）、「その国際関係において、武力による威嚇又は武力の行使を、いかなる国の領土保全又は政治的独立に対するものも、また、国際連合の目的と両立しない他のいかなる方法によるものも慎（しむ）」こと（第二条四）としています。国際連盟規約、不戦条約よりも正確に、かつ徹底した形で戦争は違法であることを規定しています。

注目しなければならないのは、一般的に「武力の行使」だけではなく「武力による威嚇」も禁止していることです。

当然、「核抑止力」などといって核兵器を背景に外交を行うことも含まれてくるといっていいでしょう。日本への原爆投下という悲惨な事象を目の当たりにした直後だけに、当時の国際世論の核兵器に対する拒否意識はきわめて強いものでした。一九四六年一月の国連総会において全会一致で採択された第一号決議「国連原子力委員会の創設を求める決議」は、創設される原子力委員会への委任事項の一つに「原子兵器および大量破壊に応用できるその他の主要兵器を国家の軍備から廃棄させること」でした。核兵器廃絶は戦後の国際政治の中心課題の一つだったのです。

集団安全保障のもう一つの柱＝強制措置

憲章が「武力の行使」だけでなく「武力による威嚇」を禁止していることを受けて、戦争に訴えるか否かにかかわりなく、およそ平和に対する脅威を与えたと認められる国、平和を破壊したと認められる国、侵略行為をしたと認められた国、これらが集団的強制措置の対象となります。

では「集団的措置」＝制裁とはどのようなものでしょうか。第三九条では、「安全保障理事会は、平和に対する脅威、平和の破壊または侵略行為の存在」を認めた場合には、「国際の平和および安全を維持し又は回復するために、勧告をし、又は第四一条（非軍事的措置）および第四二条（軍事的措置）に従っていかなる措置をとるかを決定する」と規定しています。つまり、第一に平和の脅威、破壊、侵略行為の存在を認定し、それに基づいて第二に「勧告」を行うか非軍事または軍事的制裁を行うというものです。

では、そのような認定、勧告、制裁はどのようにして決定されるのでしょうか。連合憲章のなかでも有名な第二五条は、「国際連合加盟国は、安全保障理事会の決定をこの憲章に従って受諾し且つ履行することに同意する」と定めています。個々の出来事について、それらの当事国の判断や主張に依拠するのではなく、安全保障理事会が組織的、統一的に認定し、いかなる国が集団的措置の対象となるかもまた安全保障理事会が組織的、統一的に決定します。そして、いったん安全保障理事会が決定したならば、全加盟国はその決定に拘束され、それに従って統一的に履行しなければなりません。連合憲章の基本的な建前はこのようになっています。国際連盟の安全保障のあり方とは根本的な違いがあります。

当然、絶大な権限を持つ安全保障理事会の構成が問題になります。憲章はそれを米・英・仏・ソ・中の五つの常任理事国と一〇の非常任理事国（任期二年）で構成するとし、決定は国際連盟の全会一致と違って九カ国の賛成によるとしていますが、さらに常任理事国である五カ国には拒否権が与えられるという大きな特徴があります。つまり、常任理事国五カ国のうちの一国でも反対すれば、安保理はいかなる決議も採択できないということになります。そのことは、大国が国際社会で果たす役割に対し妥協せざるを得ないという一面があるとしても、米ソ冷戦時代のように大国間の利害が異なる場合には、安全保障理事会は何の決定もできないことになります。

当然このことながら憲章審議の過程では、中小国は、「主権平等の原則」（二条一）と矛盾するとして、せめて大国の役割を緩和させるため非常任理事国を一四または一五に増やすよう要求しました。しかし大国はより少ない数に固執し、結局現状となりました。

憲章審議を通じての修正

これらの基本原則は会議に参加した各国の賛同を得て承認されました。しかし、サンフランシスコ会議では各国の討議を通じて修正された事項もあります。その主要なものは三点ありますが、いずれもその後の国連のあり方に大きな影響を与えるものでした。

第一は、通商産業、労働、人道、保健などにかんする多角的な国際協力をすすめるために、国連の主要機関として経済社会理事会を設置するとしたことです。これは大西洋憲章にも見られたように、戦争につながる要因のなかに民主主義や人権の問題があるとの考えに基づくものです。それは国連憲章発効の直後に調印されたユネスコ憲章（国際連合教育科学文化機関）でも、「ここに終りを告げた恐るべき大戦争は、人間の尊厳・平等・相互の尊重という民主主義の原理を否認し、これらの原理のかわりに、無知と偏見を通じて人間と人種の不平等という教義を広めることによって可能とされた戦争であった」と述べている通りです。国連は世界平和を軍事面で規制するだけではなく、経済や科学、文化、教育などを含めた多面的な国際協力によって確保しようとしたのです。人権面では、それが世界人権宣言（一九四八年）、国際人権規約（一九六六年）、これにつづくさまざまな個別の人権条約となって大きな進展をとげます。世界平和に直接影響を及ぼす問題にかんしては、五大国が拒否権を持つ安全保障理事会に権限が集中させられることに対抗し、この機構の設置は、中南米や中東、カナダなどの国々が強く要求して実現させました。

第二は、ソ連の主張によって、「人民の同権および自決の原則の尊重」が、第一章の「目的および原則」に加えられたことです。国際連盟の場合には、敗戦国の植民地、すなわちドイツの植民地にのみ委任統治制が採用されましたが、国際連合は、敗戦国であるかないかにかかわらず、直接関係国による協定を結んで信託統治にすることを打ち出しました。これも、大西洋憲章で強調されていたものであり、当然、国連の主要な原則に据えられるべきものでした。

しかし、イギリスやアメリカは、これまでと同様、意図的に国連憲章から、この原則を欠落させようとしました。英米の利益を脅かすものとして、国内の強い反発を受けたからです。そのため、チャーチル英首相は大西洋憲章を発表して帰国した直後に、「（この原則は）ナチスに支配されたヨーロッパ諸国にだけ適用されるもので、インドやビルマなど英帝国地域へのイギリスの政策に何ら影響を及ぼすものではない」と述べ、植民地政策を放棄する意思はないとの弁明を議会で行っています。同様にアメリカも、すでに国連の調印式を迎える前に、南米諸国に対する支配を維持しつづける体制を確立しており、本気で民族の自決権を保障する考えはありませんでした。とりわけ、沖縄を「合衆国を唯一の施政権者とする信託統治制度のもとにおく」とした「日本国との平和条約」第三条がまったくのごまかしだということは、第三章で見た通りです。

ソ連が「民族自決」の問題を持ち出したために、これを公式に否定することは、国際社会の非難を浴びることが目に見えています。そこで、しぶしぶと憲章の原則を述べた部分において、民族自決権に言及し、この問題を事務的に処理することとしたのです。これらの国々が民族自決権を真に尊重する立場からこの追加に応じたものでないことは、その後の態度でも明らかです。

大国が事前に予定してはいなかったこれらの二つ修正を実現するのは決して容易なことではありませんが、その後の国際社会のねばり強いたたかいを通じて具体化され、豊かなものへと発展していきます。

「集団的自衛権」を主張したアメリカのねらい

しかし、平和を実現するという国連の目的実現にとって今もって大きな障害となっている修正が、またもや「自衛権」をめぐる問題です。「自衛権」についてはダンバートン・オークス会談でも憲章に盛り込むことは予定されていませんでした。ところが、憲章審議に入ってから、アメリカの強い主張によって、安全保障にかんして、次のような条項が追加されました。

第五一条　この憲章のいかなる規定も、国際連合加盟国に対して武力攻撃が発生した場合には、安全保障理事会が国際の平和および安全の維持に必要な措置をとるまでの間、個別的又は集団的自衛の固有の権利を害するものではない。

サンフランシスコ会議に最初に提案された国連憲章原案は、前述のように「平和に対する脅威の防止および除去と侵略行為その他の平和の破壊の鎮圧」を正面からの目的に掲げ、「武力による威嚇又は武力の行使」を禁止し、違反した場合には「集団的措置をとる」と、国際連盟規約、不戦条約に比べて、きわめて明確に戦争違法化の姿勢を示しています。また不戦条約が「武力の行使」という言葉を使うことをやめ「戦争」に置き換えたことや、日本が、「満州事変」という言葉を使うことによって侵略行為への非難をかわそうとしたことも踏まえて、憲章は前文を除いて「戦争」という言葉をいっさい使わず、「武力による威嚇又は武力の行使」という言葉を使って言い逃れの道をふさぐ厳密さも示しました。

国連は各国の主権が侵害されることを軽視したわけではありません。国連憲章は、各国がその主権を維持するために軍事力を保持することを、禁止してはいません。だからといって軍事力を持つことを奨励してもいないことは、あとに見るように戦争放棄の憲法を持つ日本の国連加盟をめぐって行われた日本国内の議論でも明らかです。

他国から武力攻撃を受けて軍事力を行使する場合には、各国がこの国連の目的と加盟国の義務に従って反撃すれば良いとしているのです。侵略をした側はもちろんです。反撃をした側であっても、それが国連憲章に違反するにいたった場合には、国連が非軍事的、あるいは軍事的な制裁を行う仕組みになっているからです。不戦条約以来の論議が示すように、定義があいまいなまま「自衛権」という言葉を憲章に持ち込むことではなく、違法な軍事力行使に対する制裁を厳密にすることによって戦争違法化の原則は貫けるとの考えによるものです。

ところがアメリカは、サンフランシスコ会議において、「個別的又は集団的自衛の固有の権利」を盛り込むことを突如として、強く主張しました。その意図を、アメリカ代表の一員としてこの会議に乗り込んでいたジョン・フォスター・ダレスは次のように述べています。

「サンフランシスコ会議のとき、我々は、当時合衆国政府が二つの矛盾して相容れない行動をとっていたという事実に直面した。その一つは、五大国の拒否権を定めた一九四五年二月十一日のヤルタ会談の決定であった。この決定は、ダンバートン・オークス提案と読み合わせるとき、次のようなことを意味する。すなわち、地域的協定のもとにおいては、いかなる平和強制措置も、常任理事国である五大国全部が同意する安全保障理事会の表決なしには、行われ得ないということである。それがどんなことを意味するかを、次に例示しよう。

いま、仮に共産党が南米諸国中の一国の支配権を握ったとすれば、その政府はソビエト共産党の黙認と支持のもとに、その隣国に対し侵略戦争を開始することができ、しかも、合衆国または他の米州条約調印国は、ソ連の同意がなければ、平和のための強力な行動をとることができないのである。……そこで我々は、適当な方式を見い出し、これに対するソ連政府およびラテン・アメリカ代表団の同意を得るという難事業に当面した。いろいろな意見が出たが、最後に意見の一致を見た方式は、現在憲章第五一条として掲げられているものであり、それは、自衛のための『集団的』権利を規定している。……ソ連代表は、当初は、我々が公然と提唱した案を受諾することを拒否したが結局は屈したのである。

第五一条の方式はサンフランシスコ会議で正式に採用され、ここに『集団的自衛』の可能性――測り知ることのできない価値のある可能性――が生まれたのである」（ジョン・フォスター・ダレス『戦争か平和か』）

世界のどこへでも軍事介入する「権利」

憲章は「集団的自衛権」をそれまでの個別的自衛権と合わせて「固有の権利」などとしています。しかし、国際法学者の高野雄一氏は、「明らかなことは、この言葉と概念がサンフランシスコ会議にいたって、きわめて特殊な事情のもとに、初めて生まれたこと、むしろ『発明』されたことである。サンフランシスコ憲章で新に自衛権の規定が置かれたのは……九分九厘この『集団的自衛権』を認めるためであった」と指摘しています（『集団安保と自衛権』）。「集団的自衛権」という言葉は、このようにアメリカによって初めて生み出された＝発明された言葉なのです。誰もが認める「固有の権利」であるならば、アメリカが不戦条約の論議において主張したように、「条約で特に規定するかしないかに関係なく各国に認められている権利」（高野雄一『国際法概論・下』）であって、わざわざ困難を押して憲章に書き込む必要はありません。アメリカが、わざわざ「集団的自衛権」を条文として盛り込むことを求めたのは、逆に「固有の権利」とは認められていなかったことを、国際社会に押しつけるためだったのです。フランスでは国連憲章のこの条文を、「個別的又は集団的自衛の自然権」と訳していることも、この言葉の理解が共通のものではないことを示しています。このように突如として生まれた言葉が、「固有の権利」や「自然権」などといえるものでないことは明らかです。

しかも、アメリカはこのときになって、この重大な提起を思いついたわけではありません。先のダレスの引用にもある「米州条約調印国」との関係です。アメリカは、サンフランシスコ会議が開かれる直前の三月下旬から四月上旬にかけ、メキシコ・シティ郊外のチャプルテペック城に、ラテン・アメリカの国々で組織していた米州機構の会議を臨時に招集しています。この会議には、伝統的にアメリカの勢力範囲にある二〇カ国が参加しました。アメリカの目的は、この地域におけるアメリカの軍事行動が、ソ連が拒否権を持つ国連の安全保障理事会によって制約されることのないよう、それまでの地域的取り決めを再編成し、調印国の一国に武力攻撃がされた場合には、他の調印国すべてに対する攻撃と見なしていっせいに反撃するという軍事同盟に再編成することでした。その後に締結されたチャプルテペック協定と呼ばれるここでの協定は、「米州の一国の領土・主権・独立に対する外国の侵略行為は、この宣言に署名したすべての国に対する侵略行為と見なす」として、「宣言署名国は、その場合にとるべき措置について協議・協定する」ことを確認しています。

これは、ソ連などがこの地域のどこかの国に侵略することも許さないというだけではありません。国連憲章採択後、ダレスは上院外交委員会の公聴会で次のように証言しています（西崎文子『アメリカ冷戦政策と国連』）。

「安全保障理事会はアメリカの同意がなければ行動がとれないのであるから、西半球における行動をまず安全保障理事会を通してとるか、それとも安全保障理事会の行動に反対票を投じ、その結果として、必然的に行動を米州諸国の防衛条約に委ねるようにするかといった決定は、実際のところアメリカが常任理事国であるという立場上、自由に選択できるものなのである」

つまり、安保理事会の決議がアメリカにとって有利な場合にはその決議に賛成し、それが不利な場合には拒否権を行使してあくまでもアメリカの利益を守るというわけです。具体的にはアメリカと同盟関係にある国に武力攻撃が発生した場合、アメリカは集団的自衛権の名のもとに同盟国と一体となって武力介入するか、安保理がアメリカの行動を非難するか、その武力攻撃を行った国を支持するような決議を採択しようとする場合などには、アメリカは拒否権を行使してそれを阻止するということです。

それは外部からの侵略を許さないというだけではありません。ダレスが例示したように、アメリカはこの地域のどこかの国にアメリカのいいなりになるかいらい政権をでっち上げておきさえすれば、この親米政権と敵対する政権がうまれようとした場合には、武力介入してでも新しい政権の誕生を許さない、ということです。実際、アメリカは五四年にグアテマラ、六五年にドミニカ、八九年にパナマなど、共産主義政権でなくともアメリカの気に食わない政権が誕生したり、アメリカから自立しようとする政策が始まると、直接的な軍事介入を行っています。

ここからも明らかなように、「集団的自衛権」の考え方は、自国が武力攻撃を受けた場合に備えるために生まれたものではありません。ソ連と対決するための軍事同盟としての性格はもちろんですが、自国の支配下にある国をめぐる紛争に対しても、国連に制約されることなしに自由に武力介入するための口実となるものでもあります。

こうした国連発足の原則を揺るがす修正提案でしたが、サンフランシスコの会議では、南米の国々が、アメリカの要求が容れられなければ、国連に加わらないという態度に出て「ラテン・アメリカの危機」という事態をもたらしたことなどもあり、ついに承認されることになりました。

集団安全保障と矛盾する「集団的自衛権」

国連の平和維持の機能は、第五一条の追加によって、きわめて重大な制約を受けざるを得ませんでした。アメリカは、この「集団的自衛権」を行使する体制をつくるために、一九四九年にヨーロッパの国々やカナダを中心にNATO（北大西洋条約機構）を発足させたことを皮切りに、世界中に軍事同盟網を張りめぐらしたからです。その軍事同盟を口実に、たとえば六〇年代半ばから、アメリカはベトナムへの大々的な侵略戦争を行いました。その政権が国民的な支持基盤を持たないかいらい政権であっても、その政府と軍事同盟を結んでいるという形さえつくっておきさえすれば、「同盟国からの要請」という口実で軍事的な介入が可能なのです。ベトナム戦争の場合のように安保理に問題を持ち込もうとする国があれば、アメリカは拒否権を行使してこれを議題として取り上げることを阻止しました。

ソ連もアメリカに対抗する形で、東欧諸国の間で一九五五年にワルシャワ条約機構（友好・協力および相互援助条約）を発足させました。このワルシャワ条約機構もアメリカの軍事同盟網と同じ意味を持つものでしかありませんでした。一九六九年のチェコ侵略などその国の政権が自分の気に入らない場合には、同盟国であっても軍事介入してその政権を入れ替えています。

国連がめざした「集団安全保障」と、アメリカが強く主張した「集団的自衛権」は、もともと両立するものではありません。「集団安全保障」は仮想敵を持たず、武力紛争を回避することを目的とするものです。これに対し、「集団的自衛権」は仮想敵を持ち、同盟国を強制的に動員して戦う体制をつくるものです。米ソは、この「集団的自衛権」体制の名による軍事ブロックによって対立をいっそう深めたばかりでなく、加盟国の主権を侵害してその内政に干渉するテコとしていったのです。それは、日米安保条約のもとで軍事面ばかりか、外交、経済などの面でもアメリカに従属している日本の姿にもはっきりとあらわれています。

このように、国連は第二次大戦の教訓を生かすべく努力をつくしながらも大国の思惑によって、多くの問題をかかえているといわざるを得ません。

国連憲章はしかし、こうした「自衛権」を振りかざした戦争の自由を無制限に認めているわけではありません。憲章第五一条は、「個別的又は集団的自衛」権の行使としての武力行使についても、「国連加盟国に対して武力攻撃が発生」してから、国連安保理事会が「必要な措置をとるまでの間」という限定を行っています。憲章の条文を厳密に解釈すれば、「武力攻撃が発生しない限り、国家は武力による自衛措置に訴えてはならず、影響を受けた国は、安保理に訴えて、この二条四項違反を『平和に対する脅威』とか『平和の破壊』と決定し、四一条または四二条に従って措置をとるよう要請しうるだけである。禁止された武力行使が武力攻撃にいたる場合にのみ、関係国は自衛措置に訴えることができる」（藤田久一『国連法』）ということになります。国際司法裁判所は八六年六月のニカラグア事件判決で集団的自衛権を行使できるのは、被攻撃国が武力攻撃を受けたことを宣言し、かつ被攻撃からの要請があった場合としています。これは戦争の違法化の原則を形骸化させないためのギリギリの限定といえます。

このことからすれば、五一条といえども「先制的自衛権の行使」を認めていないことは明らかです。「テロリストをかくまっている」「大量破壊兵器を開発している」などということは、決してここにいう「自衛権」の範囲には入らないということです。

「平和のための結集」で大国の横暴を抑制

五カ国の一つでも拒否権を行使すれば国連は世界の平和を維持するための行動をとれない事態がつづくなかで、国連の集団安全保障の機能を何とかして回復させようとの努力が行われています。そこには、戦後民族自決の権利を獲得した中小の国々の奮闘があります。

その最初の試みは朝鮮戦争がぼっ発した五〇年に国連総会が採択した「平和のための結集」決議です。当時の安保理は、一九四九年に成立した中国の社会主義政権の参加を認めないことから常任理事国の一つを欠き、これに抗議してソ連が安保理事会を意図的にボイコットするという異常な状態にありました。その結果、アメリカは西側陣営だけの部隊で「国連軍」を編成しこの戦争に介入を開始しました。しかし、ソ連が当番制となっている常任理事会の議長国になったことをきっかけに理事会に復帰するや、関連決議にことごとく拒否権を行使したため、アメリカもより積極的な動きができませんでした。そのため朝鮮戦争に対する国連の方針は見通しの立たないものとなってしまいました。

こうしたもとでアメリカが提起したのが「平和のための結集」決議です。それは、「平和に対する脅威、平和の破壊又は侵略行為」があるにもかかわらず、安保理事会が大国の拒否権によって一致した方向を打ち出せない場合に、軍隊の使用を含む国際平和のための集団的措置を加盟各国に勧告するために、ただちに総会を開き当該問題を審議しなければならないというものです。この場合、総会が開会中でないときは、安保理事会の七理事国（現在九理事国）または国連加盟国の過半数の要請があった場合には二四時間以内に緊急特別総会を招集できるというものです。その結果、兵力を使用する集団的措置が必要との結論にいたった場合には、総会は加盟国に対して訓練し装備された部隊を自国軍隊内に準備する勧告をすることもできます。もちろん、安保理事会が機能している間は、総会はこれに介入できません（憲章一二条）。

その後、一九五六年のスエズ動乱に際して、国連緊急総会が国連緊急軍を設置、派遣する決議を採択しました。このときは総会によって軍隊が組織されることの憲章上の合法性についてソ連が疑義を述べましたが、決議そのものには棄権しました。ただ、ソ連はこのことを理由に分担金の支払いを拒否したため、総会は国際司法裁判所の判断を求めました。裁判所の判決は憲章第七章に定める安全保障理事会の強制措置について総会は介入できないが、その他の平和を維持するための行動は勧告はできるというものです。

国際世論を背景にした核兵器禁止条約

こうした総会による「平和と安全の維持」にかんするイニシアティブは具体的な紛争に対する勧告だけではありません。規約第一一条は総会が取り組む課題に「軍備縮小および軍備規制を律する原則」について加盟国および安保理事会に勧告できるとしています。これは特別な事件が起こった場合だけでなく、一般的にも平和を維持するために、総会もまた何らかの活動をすることができるという考え方に立っています。つまり集団安全保障機能の補完を企図するものです。この決議は勧告であり、安全保障理事会の決定と異なり、加盟国はそれに服従する義務はありません、しかし、この勧告があることによって、国際的な世論を高める意味があるでしょう。

二〇一七年七月の国連総会で核兵器禁止条約が賛成一二二、反対一、棄権一の圧倒的多数で採択されたことは、そうした国連総会のイニシアティブのなかでも歴史的快挙といっていいでしょう。同条約は、「核兵器又はその他の核爆発装置」の開発、実験、生産、製造、取得、保有、貯蔵、移転、受領を包括的に禁止（第一条）する内容のものです。前にも見たように国連総会の初めての決議は核兵器の廃絶にかんするものであり、今回は北朝鮮の核実験をめぐって核使用の危険が高まるなか、総会は国際世論を背景にこの決議を採択したのです。

核保有大国のうち米仏英三カ国は、このイニシアティブに対し、「たった一発の核兵器すらなくすことはできないし、いかなる国の安全も、また国際の平和と安全も強めるものではない」「さらに大きな対立をつくり出す」などと、「核抑止力」論にこり固まった「国連代表の共同報道声明」を発表しました。冷静さを欠いたこの声明は、逆に、採択された条約によって核兵器の開発も、同盟国への核持ち込みもできなくなることへの核保有国の深刻な危惧を物語るものです。

他方、国連の日本代表の席はこの議題を審議中最後まで空席のままで、条約案の採択後に別所浩郎国連大使が「日本は署名することはない」とのコメントを発表しました。佐藤正久外務副大臣は、「核廃絶というゴールは共有している」といいながら、「日米同盟のもと、核兵器を有する抑止力の正当性を損なうことになる」と核抑止力の正当化すら行っています（二〇一八年一月一六日、各党討論会）。

これらは、核保有国とその同盟国が自分たちの核兵器保有は正当なものとしつつ、核実験を成功させた北朝鮮を一方的に非難し、それを停止することが朝鮮半島における平和のための話し合いの前提であるかのように主張するものであり、はなはだしい身勝手さを自ら暴露したケースというべきです。

さらに総会は二〇一七年一二月二一日、トランプ米大統領が行ったエルサレムをイスラエルの首都とする決定を無効とする決議を賛成一二八、反対九、棄権三五で採択しました。これも、これまで当事者間の話し合いで解決すべきとされてきた問題に大国が一方的に介入したことへの国際世論の反撃であり、アメリカが決議に賛成した諸国への援助打ち切りの脅しを行っていることはアメリカの孤立を深めるだけです。

国連憲章と日本国憲法九条

もう一つ、日本の場合は、武力の保持と国連加盟の条件をめぐっても論議が行われてきました。

国連は、憲章に違反した国に対する武力制裁を定めていますが、これらの行動に参加しなければ国連加盟国としての資格がないのか、あるいは国際社会に貢献できないのか、という問題です。日本では国連加盟時にこのことが問題になりました。

当時の西村熊雄外務省条約局長は、こう説明しています。「加盟の条件につきましては、憲章の第四条に定められておるものだけであります。第四条によりますと、第一に国家であること、第二に平和愛好国であること、第三に憲章に掲げる義務を受諾すること、第四にこの義務を履行する能力があること、第五にこの義務を履行する意思があること、この五つであります。憲章に掲げます義務のなかには、軍備を有する義務は規定されておりません」（一九五二年四月二日、衆議院外務委員会）。西村条約局長は、憲章上の規定だけでなく、実際にもそうなっていることを明らかにしています。「事実といたしましても、まったく軍備を持たないアイスランド、この国は加盟をいたすときに自国が軍備を持っていないということを明言いたしましたが加盟を承認いたされました。また同じく軍備を持っておりませんパナマおよびコスタリカ、この両国は国連の原加盟国となっております。こういう実例から見ましても、軍備がないということは、国連の加盟国になる資格の妨げとはならない、こういうふうに考えておる次第であります」（一九五二年四月二日、衆議院外務委員会）。

さらに岡崎勝男外務大臣も明確に述べています。

「日本の憲法上できないような義務を負うことはあり得ないし、また日本の憲法というのは原理的には平和を祈念してつくられたものでありますから、いわば国際連合の方からいえば、むしろ理想的な国とでもいい得るかもしれないのでありまして、日本のような場合に、兵力がないから国際連合に入る資格がないというようなことは私はないと考えております。いろいろ援助を求められる場合もありますが、勧告による場合もあり、それから義務づけられる場合もあると思います。安全保障理事会の決定などがある場合には、加盟国は援助の義務を負うことになると思いますが、兵力その他についてはやはり特別の協定に従って安全保障理事会は要求し得るものと考えますので、国際連合の加盟国になったからすぐにそういう義務を負うことはないと思っております」（一九五二年六月一一日、衆議院外務委員会）。

このことは、今日の日本の自衛隊による国連ＰＫＯ（国連平和維持活動）をめぐる問題にも応用できるといっていいでしょう。もともとＰＫＯ活動は国連憲章に規定があるわけではなく、憲章第六章「紛争の平和的解決」と第七章の平和に対する脅威への「軍事的制裁」との中間的行動とされているもので、国連総会・安保理事会の決議に基づいて、国連事務総長の統括のもとに行われる活動です。しかし、武器使用は正当防衛のための場合だけでなく、任務を妨害する者を排除するためにも使用できるなど、その限界は明らかではありません。いずれにしても、性格のはっきりしない活動に自衛隊などの武装した部隊を派遣することが「国際貢献」などとはいえません。

もともとＰＫＯへの自衛隊の参加は九〇年のイラク戦争にあたって、日本政府がアメリカを中心とする多国籍軍への参加をめざしたものの国民の反対にあって法案は廃案となってしまったため、なんとか海外派兵に道を開こうと、国連ＰＫＯ等協力法を成立させてアメリカへの言い訳とした経過があります。ねらいはあくまでもアメリカとの海外での共同作戦にあり、それは今日でも変わりありません。

戦後の日本にとって、国際連合が発足したことへの期待がきわめて大きなものであったことは、国際法学者で後の最高裁長官・横田喜三郎の次のような発言でも明らかです（横田喜三郎『国際連合の研究』)。

「この国際連合によるならば、世界の平和を確保することも、恐らく可能ではないかと考えられる。その意味で、それは人類のホープだということができる。かえりみれば、わずかに三〇年ばかりの間に、二度までも、人類はほとんど破滅的な大戦争を経験した。もしこれを三度繰り返すならば、それこそ人類は文字通りに破滅するであろう。文明も破壊されるに違いない。原子爆弾のことを考えても、それは明瞭である。わずかに一発の爆弾によって、広島の全市が破壊され、また長崎の大部分が破壊された。もし幾百発、幾千発、幾万発という原子爆弾が使用されたならば、人類も文明もおそらく破滅をまぬがれないであろう」

この原点を忘れずに、日本こそ戦争違法化をめざす国連の目的実現のために奮闘すべきです。

五　平和をめざす各国憲法と地域の共同

重要なことは、国際連盟から不戦条約、そして国連へと戦争違法化の論議が広がるなかで、日本ばかりか多くの国々の憲法にもさまざまな「平和条項」が登場するようになったことです。その主なものを見てみましょう（山内敏弘『平和憲法の理論』『世界の憲法集』)。

▽侵略戦争を放棄し、あるいは犯罪化した条項…ドイツ連邦共和国憲法第二六条「一、諸国民の平和的共同生活を妨げるおそれがあり、かつそのような意図でなされる行為、特に侵略戦争の遂行を準備する行為は、違憲である。このような行為は、処罰されなければならない。二、戦

争遂行のための武器は、連邦政府の許可があるときにのみ、製造し、運搬し、および取引することができる。詳細は、連邦法律で定める」（この規定を受けドイツ刑法八〇条は、侵略戦争の準備行為を行ったものを終身刑、または一〇年以上の懲役に処するとしている）。他に大韓民国憲法第五条、フランス第四共和国憲法前文、ビルマ憲法二一一条、イタリア憲法一一条など。

▽紛争の平和的解決…インド憲法五一条「国は、次に掲げる事項の実現に努めなければならない。①国際平和および安全の促進、②諸国民と正当にして名誉ある関係を維持すべきこと、③国際関係の処理にあたって、国際法および条約の義務を尊重する精神を養うこと、④国際間の紛争を仲裁により解決するように努めること」

▽永世中立宣言…オーストリーの中立性にかんする一九五五年一〇月二六日の連邦憲法第一条「（i）オーストリーは、その対外的な独立性を絶えず維持する目的のために、およびその領域を侵害されない目的のために、自由意思に基づいてその永続的な中立を宣言する。オーストリーは、この中立を、自己に可能なあらゆる手段を持って維持し、守り抜くものとする。（ii）オーストリーは、この目的を確保するために、あらゆる将来において、いかなる軍事的な同盟にも加わらないし、自己の領域内に外国の軍事基地を設けることをも認めない」。

▽非核条項…ベラウ憲法一三条六項「戦争における使用を意図した核兵器、化学兵器、ガス兵器、生物兵器などの有害物質、原子力発電所、そこからの廃棄物は、この特殊の問題について提起される国民投票の四分の三の承認がなければ、ベラウの領土管轄区域で使用、実験、貯蔵、投棄されてはならない」。ほかにフィリピン憲法二条八項

▽良心的兵役拒否…ドイツ連邦共和国憲法四条三項「何人も、その良心に反して、武器を持って

する兵役を強制されてはならない。詳細は、連邦法律でこれを規律する」。
▽常備軍の制限あるいは廃止…コスタリカ憲法一二条「常設の制度としての軍隊は、これを禁止する。警備および公共の秩序の維持のためには、必要な警察部隊を置く。大陸協定によってのみ、または国民の防衛のためにのみ軍隊を組織しうる。いずれの場合にも、軍隊は文権に服する。軍隊は、個別的であると集団的であるとを問わず、評議をし、示威行為をし、あるいは宣言を発してはならない」

平和をめざす地域の共同

個々の国の努力にとどめず、隣接する地域が協力しつつ紛争を平和的に解決するための努力も、第二次大戦後の世界では行われてきました。それは集団的自衛権とは対照的な地域的集団安全保障機構として、平和のための地域的な共同を発展させてきました。以下、その実態を見てみましょう。

【ASEAN＝東南アジア諸国連合】

ASEAN（東南アジア諸国連合）は、アジア人同士が殺し合いをさせられていたベトナム戦争中の一九六七年にフィリピン、マレーシア、インドネシア、タイ、シンガポールの五カ国で結成されました。発足した当時は親米独裁的政権が多く、経済協力を目的としアメリカのベトナム侵略戦争を支持する連合体でした。八四年にブルネイが加盟、さらに九五年にベトナムが加盟して、その性格は大きく変化し、新しい発展の方向に進んでいます。その後さらにカンボジア、ラオス、ミャンマーが加盟して現在は一〇カ国となり、加盟国の人口は四億人を超え、アジア地域で、最も重要な役割を演ずる連合組織になったといえるでしょう。

とりわけ大きな転機となったのは二〇〇三年に作成された東南アジア友好協力条約（ＴＡＣ）で、そこでは、「すべての国の独立、主権、平等、領土保全、民族同一性の相互尊重」「相互の内部問題への不干渉」「武力の威嚇又は行使の放棄」「諸国間の効果的な協力」など国連憲章の基本原則が掲げられ、これを土台にして、ＡＳＥＡＮ地域フォーラム（ＡＲＦ）、東アジアサミット（ＥＡＳ）、東南アジア非核地帯条約、南シナ海行動宣言（ＤＯＣ）など、重層的な平和と安全保障の枠組みをつくり上げ、それを域外に広げています。これらの努力のうえ、二〇一五年末に、「政治安全保障共同体」「経済共同体」「社会経済共同体」という三つの共同体からなるＡＳＥＡＮ共同体の設立にこぎつけています。

戦略国際研究所の日本研究センター所長のステファン・リヨン氏は、「軍事力に基づかない平和の考え方、新しいアプローチが必要」と強調し、ＡＳＥＡＮはそのための組織であり、その中核がＡＲＦだと次のように強調します（上田耕一郎『戦争・憲法と常備軍』）。

ＡＲＦは「ＡＳＥＡＮ諸国のほかにアメリカ、中国、ロシア、日本を含むアジア太平洋諸国の外務大臣が集まり、この地域の政治、安全保障にかんする意見交換を行う『対話の場』です。カナダ、オーストラリア、ニュージーランド、欧州連合なども参加しています」、そこでは、アメリカ、中国、日本などといった主要な国が核となるということではこれまでの考え方と同じことが延長されることとなってしまう」ので「ＡＲＦではＡＳＥＡＮが核になるべきだときっぱりと主張。たとえば南シナ海の問題も、最初は取り上げることに反対していた中国も話し合い解決の方向に賛成した」といいます。

たしかに、「国際法上の根拠がない」とした常設仲裁裁判所の判決（二〇一六年七月）を中国が「茶番」呼ばわりし、人工島の滑走路やレーダー施設を建設した南シナ海の領土・海洋紛争は、ASEANにとって大きな試練をもたらしています。加盟一〇カ国の分断を図る中国の露骨な干渉もあります。しかし、ASEANは一六年七月の外相会議で、試行錯誤の末、「我々は、この地域の平和、安全、安定、の維持と促進、および国連海洋条約を含む国際法の普遍的原則に従い、武力の行使また威嚇に訴えることなく、法的および外交的プロセスの全面的尊重を含む、紛争の平和的解決への共通の誓約をあらためて確認した」との一致した共同声明にこぎつけています。忍耐力と柔軟性を発揮して団結を守り、自主性を貫き、この困難な問題にも対処しています。

なお、TACは東南アジア以外の国でも域内すべての国の賛成があれば加入することができ、中国、インド、日本、ロシア、フランス、北朝鮮、アメリカなど二〇一三年三月現在で五五カ国、世界人口の七〇％が加盟する巨大組織となりました。

【中南米カリブ海諸国共同体（CELAC）】

第二次大戦後に国連が発足したときには、この地域はアメリカの属国であり、国連憲章にアメリカが集団的自衛権の規定をねじ込むにあたってはその先兵の役割を果たさせられたことは前述の通りです。

しかしこの地域でも民族自立のたたかいが強められ、南米地域の一二カ国が参加して発足した南米共同体が二〇一一年一二月、中南米カリブ海地域のフランス領ギアナを除く全独立国三三カ国で構成するCELACへと発展しました。約五億の人口を抱え、国内総生産の合計では世界全体の八％を占めます。二〇一三年一月に開かれた第一回首脳会議では、今後の運営にかかわって、永続的な対話や柔軟性、補完性、連帯的発展、自発的参加などを原則とし、地城統合も、各国の主権や多元性を踏まえ、徐々にすすめるべき、との最終宣言を採択しました。すでに一九六八年には非核兵器地帯条約（トラテロルコ条約）が設立されていますが、この総会では「核兵器全面廃絶に関する特別声明」の意義を再確認しました。

二〇一四年のＣＥＬＡＣ第二回首脳会議では「中南米カリブ海平和地帯宣言」を採択し、この地域から武力の行使と威嚇を永久に放棄し、紛争を平和的に解決するという国連憲章の基本原則の尊重を強調しています。この宣言に基づいてＣＥＬＡＣはコロンビア内戦を終わらせる和平プロセスの節々で交渉をあと押しするなど平和のイニシアティブを発揮してきました。二〇一五年七月に中南米カリブ海のすべての諸国が、米国によるキューバ封鎖政策を批判し米国とキューバの五四年ぶりの国交回復を実現させせました。

この地域で発展している対米自立と平和の流れは、容易に覆せないところまで進展し、大きな未来を持つものとなっています。

第六章　憲法九条が生きる日本を

立憲主義を確立し憲法を真に最高法規の座に

戦争法が強行された直後から、ジャーナリストの今井一氏らによって「新九条論」が提唱されるようになりました。「九条の条文と現実の乖離は、安保法（戦争法）の成立できわまった」として、「立憲主義を立て直すことが先決という危機感から、解釈の余地のない『新九条』を制定」すべきだというのがその内容です。では、その「新九条」とはどんなものでしょうか。集団的自衛権は認めず自衛隊は専守防衛に徹することを憲法上で明記するというものです（二〇一五年一〇月一四日付『東京』）。これで九条は解釈を広げる余地がなくなるのでしょうか。

この程度のことならこれまでも改憲勢力がいってきたことであり、安倍首相のいう自衛隊にかんする規定を九条に追加する「加憲」と内容のうえでは共通しているとさえいえます。しかし、それを「新九条論」などと新しい装いをこらしていうことに意味があるのかもしれません。評論家の斎藤美奈子氏は、「私が官邸の関係者なら『しめしめ』と思いますね。『東京も朝日も、〝つぶさなあかん〟と思っていたが、意外と使えますよ、総理』『だな。改憲ＯＫの気分がまず必要だからな』」と解説（二〇一五年一一月一一日付『東京』）。マトを射た批判といえましょう。

もともと日本国憲法第九条の規定は、どのようにでも解釈の拡大ができるようなあいまいなものではありません。すなおに条文通りに解釈すれば何も問題が起こらないにもかかわらず、無理に無理を重ねて自分たちの目的と合致するような解釈をでっち上げてきたのが歴代の政権です。これまで見てきた七〇余年にわたる政府の憲法解釈は、そもそも立憲主義に対する理解を根本的に欠いている姿勢から出ているものであり、そうした彼らの姿勢をそのままにして、「解釈の余地のない」規定を考えたとしても、彼らはまた新たな「解釈」を考え出すでしょう。

九条が生きる政治を実現するには、こうした立憲主義の意味すら理解できない勢力にかわって立憲主義を尊重する勢力による政治を確立する以外にありません。

軍備のない平和・中立の政策で世界をリードする国に

さらに安保条約のくびきから離れ、アメリカへの従属を断ち切り真の主権国家になることが、文字通り憲法を最高法規の座につけるためには欠かせません。そしてやがては一切の軍備を放棄する道に踏み出すことになれば、日本はまだ占領下にあるときに外務省の平和条約研究幹事会が検討したように、平和・中立の道を進むことになります。いっさいの軍備も持たず、いかなる軍事同盟にも加わらない日本が、各国と対等になって主権を維持していくにはその道しかありません。

相変わらず軍事力を持って世界に君臨しようとする一部の大国を除けば、今日の世界では多数の国々が同じような道を歩み始めています。現在非同盟諸国会議の加盟国は一二〇カ国で国連加盟国の三分の二を占めています。最近では本章でも見たように、これらの国々は国連において核兵器禁止条約や、エルサレムをイスラエルの首都にすることに反対する決議の採択にこぎつけるなど、大国の横暴を跳ね返して国連が本来の機能を果たせるように、少なからぬ力を発揮するまでになっています。

こうした力を結集すれば日本国憲法九条もいっそうその輝きを放つことになります。一九九九年五月にオランダのハーグで開かれた世界平和市民会議が採択したハーグ・アジェンダ「二一世紀の平和と正義のための課題――提言と行動計画」基本一〇原則トップには、「各国議会が日本の憲法第九条のように、戦争放棄決議を採択すること」があげられました。その背景には、ヨーロッパにも広がっている「軍隊のないヨーロッパ」の運動があります。一九八九年にはスイスで国民投票が行われて、「軍隊のないスイス」の賛成が三五・六％だったといいます。特に首都のジュネーブ市では過半数でした（伊藤成彦『軍隊のない世界へ――激動する世界と憲法第九条』）。「戦争違法化」の運動は市民レベルにまで広がっているのです。

当然、日本はもとより各国の財政は軍事費の重圧から解放され、福祉や教育の向上により多くの関心を向けることができるでしょう。さらには南アフリカなどの飢餓や貧困に手を差し伸べることも可能となるでしょう。

日本が戦争違法化の先端をいく日本国憲法九条を守り抜くことは、世界史的意義を持つことになります。それこそ日本が行うことができる最大の国際貢献です。そのためにも安倍九条改憲をなんとしても阻止しなければなりません。

保守・革新の壁を超え、草の根から安倍九条改憲ＮＯ！

日本国憲法が施行されてから七〇年余、日本に軍隊がなくなったことも、日本国憲法が最高法規として国政の中心に据えられたことも、日本国民は体験したことがありません。自衛隊が発足してからだけでも、すでに六〇年以上経っています。

憲法九条に自衛隊についての規定を追加することの是非について、一七年総選挙直後に行われた世論調査の結果があります。『朝日』が賛成三六％、反対四五％、『読売』が同四九％、三九％と媒体によってまったく異なる結果が出ています。災害時の活動や専守防衛という宣伝のみが印象に残って、自衛隊を容認する国民が八〇％前後に達するなか、九条に自衛隊を規定することのへの理解が必ずしも徹底していないことを示しています。

ただ明治憲法が改正されて日本国憲法が生まれたときとは状況は違います。このときは憲法改正の発議権を持つのは天皇であり、議会はそれを議決することになってはいましたが、明治憲法のもとでは「臣民」にすぎなかった国民は憲法の改正に直接関与することはできませんでした。しかし日本国憲法のもとでは国民は主権者となり、衆参三分の二以上の賛成で発議された改正案は、国民投票によって過半数の賛成が必要です（憲法九六条）。安倍九条改憲を許さないとの最終決定権は主権者である国民が握っているのです。

しかし国民投票だけに頼るわけにはいきません。なぜなら二〇〇七年五月に自民・公明の多数によって成立させられた国民投票法は、国民の正しい選択を妨げかねないいくつかの問題をはらんでいるからです。

改憲手続き法によれば、国民投票は発議から最短だと六〇日後（一八〇日以内）に行うとされていますが、この期間で本当に国民が改憲案の内容を理解できるでしょうか。改憲案についての国民への広報は、国会に広報協議会を設置して作成しますが、その協議会は国会における各会派の議員数に応じて配分することになっていますから、改憲派主導の内容となることは明らかです。しかも、どれだけの有権者が投票すれば国民投票が成立するかの最低投票率は決められていません。

ビラやポスター、事前運動や個別訪問の自由化など一般の議員選挙とは異なって一定の運動の自由を認めています。しかし、改憲にかんする有料のテレビ、ラジオ、新聞などの広告も投票日二週間前までなら自由です。全国的にある程度の効果があるテレビのCMには数億円かかるとされており、資金力のある財界や改憲勢力に独占され、改憲賛成派の広告の垂れ流しとなるおそれもあります。全国で約五〇〇万人にのぼる公務員・教育者の国民投票運動の禁止を定めています。修正によってこの法律による処罰規定は外されましたが、行政処分の対象にはなることに変わりはなく、これらの人々の運動を萎縮させることにならざるを得ません。

国民のなかに改憲の内容が知れわたる前に投票日を迎え、どんなに投票率が低くても成立してしまう危険があります。発議そのものを断念させる運動を大きく盛り上げてこそ、仮に発議されても、改憲案を否決することができます。

いま求められているのは、圧倒的多数の国民に安倍九条改憲の危険なねらいを徹底的に明らかにする宣伝と対話の運動です。そのため、九条の会をはじめとする広範な団体を結集する「安倍九条改憲NO！　全国市民アクション」は安倍九条改憲に反対する三〇〇〇万署名を呼びかけています。九条の会のなかには団地のすべての部屋にチラシを入れ、個別に訪問して対話を行い、署名を訴える取り組みを展開しているところもあるなど、全国各地で創意ある取り組みが展開されています。

こうした運動をすすめるうえでも、市民と安倍九条改憲に反対する野党が共同することは決定的に重要です。そのことが実現してこそ、党派を超えた広範な世論を結集することができるからです。悲惨な戦争体験、原爆被爆体験を持つ日本では、保守・革新の区別なく「二度と戦争はごめん」の思いが強くあります。そうした世論を結集しつくすには、改憲反対野党と市民の共同がどうしても必要です。

三〇〇〇万の署名目標をやりきれば、改憲勢力も改憲案の国会発議を断念せざるを得ません。そして、改憲勢力としては今後長期にわたって改憲を口にすることができなくなるでしょう。

日本国民は文字通り主権者として、平和で憲法が生きる日本の展望を自らの力で切り開くまたとない場面に立っています。

【著者略歴】
川村 俊夫（かわむら・としお）
1941年　東京生まれ
1965年　東京大学　卒業
　　　　憲法改悪阻止各界連絡会議（憲法会議）結成と同時に事務局に専従
1972年　同　事務局長
2004年　同　代表幹事
　　　　〃　九条の会　発足と同時に事務局員

【主要著作】
『小選挙区制と民主主義』（新日本出版社、1980年）
『ドキュメント　憲法の戦後史』（大月書店、1982年）
『日本国憲法を考える――40年の光と影』（新日本出版社、1987年）
『輝け！日本国憲法』（学習の友社、1992年）
『憲法から見た安保条約』（新日本出版社、1997年）
『日本国憲法の心とはなにか』（あけび書房、2000年）
『憲法問題の焦点――現代改憲論の検証』（共著、新日本出版社、2002年）
『戦争違法化の時代と憲法９条』（学習の友社、2004年）日本図書館協会選定図書
『日本国憲法攻防史』（学習の友社、2009年）
『憲法９条VS集団的自衛権』（学習の友社、2013年）
『「戦争法」を廃止し改憲を止める――憲法９条は世界の希望』（学習の友社、2016年）
『日本国憲法はこうして生まれた――施行70年の歴史の原点を検証する』（本の泉社、2017年）

「戦争する国」への道――安倍九条改憲ＮＯ！

2018年３月20日　初版第１刷発行
著　者　　川村 俊夫
発行者　　比留川 洋
発行所　　株式会社 本の泉社
　　　　　〒113-0033 東京都文京区本郷2-25-6
　　　　　TEL.03-5800-8494　FAX.03-5800-5353
印　刷　　新日本印刷 株式会社
製　本　　株式会社 村上製本所
ＤＴＰ　　木椋 隆夫

ISBN978-4-7807-1675-7　C0031